U0831911

陸

中華武術大觀

图书在版编目(CIP)数据

王培生专辑:吴式太极枪/王培生编著. —武汉:湖北科学技术出版社,2016.4

(中华武术大观)

ISBN 978-7-5352-8592-8

Ⅰ.①王… Ⅱ.①王… Ⅲ.①枪术(武术)—基本知识—中国 Ⅳ.①G852.23

中国版本图书馆 CIP 数据核字(2016)第 072850 号

责任编辑:谭学军　徐　竹　　　　封面设计:胡　博

出版发行:湖北科学技术出版社　　　　电话:027—87679468

地　　址:武汉市雄楚大街 268 号　　　　邮编:430070

(湖北出版文化城 B 座 13—14 层)

网　　址:http://www.hbstp.com.cn

印　　刷:随州大同文化有限公司　　　　邮编:441300

787×1092　1/16　　9 印张　　4 插页　　90 千字

2016 年 7 月第 1 版　　　　2016 年 7 月第 1 次印刷

定价:32.00 元

王培生

吴式太極槍專輯

長江出版傳媒
湖北科学技术出版社
南粤出版社

鄂新登字 03 號

責任編輯　李愼謙　任　金
執行編輯　李愼謙
責任校對　鄧　冰
封面設計　洪清淇　秦滋宣
插　　圖　吳金順

書　　名　**王培生專輯·吳式太極槍**
（中華武衛大觀·6）
編 著 者　王培生
聯合出版　湖北科學技術出版社
武漢市雄楚大街268號出版文化城B座13-14層
南粵出版社
香港域多利皇后街十號801室
SOUTH CHINA PRESS
Rm. 801，10 Queen Victoria Street，Hongkong
發　　行　新華書店湖北發行所經銷
印　　刷　湖北省新華印刷廠
版　　次　1994年12月武漢　第1版　1994年12月第1次印刷
印　　數　1—5 000
規　　格　16開（185×260mm）　6.5印張　4插頁
書　　號　1SBN 7－5352－1619－6／G·461
定　　價　9.50圓

1

2

1. 王茂齋老先生(吳式太極拳第二代傳人)
2. 印誠堂（“印誠”為王培生十二歲時受居士戒賜之法號，王培生七十壽辰時所拍）

3. 玉女穿梭

4. 野馬分鬃

5. 太極刀上掤式

6. 月影穿簾

7

8

9

7. 王培生在刊有他的作品及照片的外刊上簽名
8. 日本太極練神會會長中川二三生及其代表團全體成員來京請王培生傳授拳術時合影
9. 1982年與同道吳英華（左一）馬岳梁（左二）等在北京遊園

10

10. 王培生在陝西師範大學講學

11. 王培生七十壽辰時四代同堂照

11

總　序

中華民族，歷來文武并重，“乃武乃文”（《書•大禹謨》）。最初建立國家，都是以武來完成的。周武王於牧野誓師，號令：“稱爾戈，比爾干，立爾矛。”滅掉暴君商紂，立即“歸馬於華山之陽，放牛於桃林之野。”（《書•武成》）春秋宣公十二年，楚敗晉師於邲，楚子明確地指出：“夫文，止戈爲武。”接着進一步指出：“夫武，禁暴、戢兵、保大、定功、安民、和衆、豐財者也。”也就是“武有七德”的說法。武，不可一日廢，但决不提倡“耀武觀兵。”

古代教學，也是文武并重。《周禮•地官司徒•保氏》：“保氏掌諫王惡；而養國子以道，乃教之六藝。”其中“射”與“御”，即着眼於培育國防人才。《文獻通考•選舉考•武舉》：“漢興，六郡良家子，選給羽林期門，以材力爲官，名將多出焉。”《事物紀原•學校貢舉部•武舉》：“《唐會要》曰：‘長安三年正月十七日，詔天下諸州，宣教武藝，每年準明經進士，貢舉例送，此武舉之始也。’”漢、唐以後，歷代相沿。雖有起落，并未中止。

當然，今天的武術運動，只是整個體育事業中的一個組成部分。由於時代的推移，它的作用，應當賦予新的內容。在增強全民體質、提高世界武術運動水平的前提下，挖掘整理傳統套路和鍛煉方法；研討修身養性、攻防技擊等有效成果，以之公諸同好，作他山之助。

本叢書基於上述目的，分輯陸續出版。舉凡各門派有代表性之拳、械具鮮明特色者，兼收并蓄，百花齊放，四海一家，無分軒輊。

“天行健，君子以自強不息。”願八方風動，我武維揚。

《中華武術大觀》編委會

目　　錄

前　言　*v*
一　吳式太極槍源流　1
二　吳式太極槍的特點　5
三　吳式太極槍譜　11
四　吳式太極槍動作圖解　15

前 言

槍的使用可追溯到原始社會，發展至今，其種類繁多，有以木杆削尖而成的，也有鐵頭、鐵柄合鑄一體的，且因用途不同，其槍杆長度更是大為不等，用於車戰、騎戰、守城禦寨的可長達八米餘，而用於步戰的，則一米五不足。

槍在百般器械中頌為“賊”，因它的動作神出鬼沒，隱現無常，狡猾多變，故又稱它為“猾槍”。

吳式太極槍，共三百八十四式，據太極拳之理、以八門五步之合數“十三”為其根本，故也命名為“十三槍”，而十三槍分佈於四正、四隅，謂之八門，即太極拳中八種勁。每門有槍點三個為坐標，每槍點又分八式，即“三八二十四式”。因每門中有二十四種變化，故也常稱為“二十四式”。而八門之合，得數為一百九十二式，再按先後天加一番，其數總計三百八十四式，亦符合對象三百八十四爻之理。

此槍據傳為武當張三豐祖師所創，至晚清咸豐年間，由武當嫡傳人北平李先生傳至全佑，再傳至王有林（字茂齊）和應潔忱先生。筆者自幼經恩師楊禹廷引進，直接求教於王老先生，從學八年，蒙先生垂愛，授此槍法，每日練習，受益匪淺，深知此為上乘功法，數十年中從不輕傳於世，今吾已年近古稀，不敢將先輩之寶貴技藝失傳，故願披露於世，奉獻給廣大武術愛好者。

著　者
1994年春

一　吳式太極槍源流

水有源，源遠而流長，九派紛呈。

據記載，太極拳鬫源於張三豐先師十三式，大成於明清之際，有王宗岳先師為其正名著典，以道釋拳理，尊奉至今。

本支所習太極拳械，源於太極拳泰斗王宗岳先師，流潤蔣發、陳長興、楊露禪、全佑、王茂齋、楊禹廷諸先師，系今日有幸接譜在手。

清朝末葉，楊露禪先師在北京傳授太極拳械，正值京城大興武藝，從師習武者盛，然得師真傳弟子僅三人，滿族人全佑又為最，全佑習練先師所授拳械之餘，常與同道鑽研技藝，并集體總結出了“四勢槍五蹚、七星杆、太極粘杆、太極刀、太極劍、七星劍、判子降魔劍、純陽劍、昆吾劍”等。全佑之子艾紳(即吳鑒泉)和其門人王有林（字茂齋）繼得眞傳，松柏雙峥，勢在伯仲。因艾紳後從漢姓“吳”，同道也就給是門拳械冠以“吳式”二字，如“吳式太極拳”“吳式太極劍”等。

吳鑑泉終生傳藝，王茂齋經商為業。1927年，江南武術界邀王茂齋南下授藝，慮營業不得脫身，即請吳鑑泉代為南行。此後，南方吳式太極拳衍盛，世譽“北王南吳”。

王茂齊則晚年立楊瑞霖（字禹廷）為掌門人以耀門庭。楊禹廷功底深厚，融匯各家，在認眞繼承傳統的基礎上，不斷創新，形成獨特風格。其拳藝輕靈鬆靜，變轉圓活，循規蹈矩，意境深邃，表裏精粗，無微不至。中年以後，為使學生有規矩遵循，着手編訂太極拳教材。晚年出版《太極拳動作解說》一書，规範了吳式太極拳。

余少時即好舞刀弄棒，十二歲起才拜名師眞正修習武學，先後拜“鈎鏜張”張玉蓮學彈腿，跟馬貴學八卦，跟韓慕俠學八卦、形意，十三歲又入吳氏太極門，拜楊禹廷為師，并蒙王茂齋師祖鍾愛，經常給予指點太極内功及絕技，盡得太極拳之眞諦。1947年即應邀與三位武術家成立“滙通武術社”研究武學、發揚武術。1954年曾獨自成立“群衆武術社”及分社，以擴展武學影響。并當與武術名家進行技術交流（圖1-1、圖1-2）。1949年至今，先後在多所大專院校及機關團體傳授技藝。今余已歷七十八春秋，入室弟子有百多人，再傳弟子亦已近二百，三代、四代、五代，代有傳人，共計千餘人。

左一為奇雲和尚，姓史，還俗三次而逝，彈腿門師兄；左二為蘇惠林同道；左三為楊禹廷老師；左四為王子英師叔；左五為張立堂大盟兄，八極拳名師，神槍李書文之弟子；左六為王培生（1958年中山堂選舉武協委員會投票之後拍於北京中山公園）

圖1-1

1982年7月於上海武術表演會上與傅鐘文、孫劍雲、顧留馨、洪均生、楊振鐸、馬岳梁等太極名家合影

圖1-2

二　吳式太極槍的特點

吳式太極槍較完整地採用太極之理，作為拳理的依據。無論是從大的結構，還是小的招式都深偕易理。其以八門五步之合數“十三”為根本而定名的“十三槍”名目如下：

1. 指南針起式　　2. 左右青龍出水
3. 巧女紉針　　4. 攔掃式
5. 奇步槍　　6. 七星步左右式
7. 轉連環　　8. 梅花現蕊
9. 攪海翻江　　10. 波浪濤天
11. 纏戰　　12. 督槍
13. 陰陽沄歸原

按每門中二十四種變化，所命名的“二十四式”的名稱為：

1. 起手中平萬法王　　2. 摟膝壓槍逞剛強
3. 推襠順搼當頭棒　　4. 推襠順膝劈頂槍
5. 斜劈拗步遮攔進　　6. 金童送書玉臂長
7. 風掃梅花咽喉鎖　　8. 翻身蹬脚點蛇香
9. 金龍擺尾連環轉　　10. 鈎掛中平式最良
11. 風擺荷葉連環上　　12. 金鷄獨立式猖狂
13. 騙馬壓蓋中平式　　14. 摟膝當頭掃地槍
15. 猛虎跳澗盤頭式　　16. 蛟龍出水法最良
17. 推襠當頭虎剪尾　　18. 左右中央換步忙
19. 地蛇攔路藏身式　　20. 鳳凰展翅對朝陽
21. 盤頭盉頂多巧妙　　22. 宿鳥投林回馬槍
23. 金龍擺尾歸大海　　24. 懷抱琵琶回故鄉

又八門之合乃得其數總計三百八十四式，皆據卦象的變化而來。卦象之變化是由於乾坤、坎離、先後天，調換位置、轉移方向而形成的。先天伏義卦坐標、卦名、卦象如下：

1. 乾正南朱雀：

一陽朝宗聚神功，
督槍扯開為準繩；
鍥而不舍陰陽理，
金石可縷綉花針。

2. 兌為澤密雨：

青龍出水分左右，
巧女紉針來穿袖；
奇步槍法并步走，
攔掃橫綫鐵掃帚。

3. 離正東青龍：

雷公寶地起火龍，
浪花滔天方位東；
左翻江來右攪海，
脾土中平火中生。

4. 震為雷木性：

霹靂擊浪花滔天，
仰盂盛梅花現蕊；
前脚蹬退陰符槍，
後脚送進陽騰雲。

5. 巽為風木性：

巽將西南坤地佔，
指面一槍急挑腕；
左右換把七星步，
四隅穿梭轉連環。

6. 坎正西白虎：

坎佔少陰白虎位，
兌脫金地澤不利；
大小三圈為纏戰，
圈點崩槍法最良。

7. 艮為山薄雲：

陰陽法來法陰陽，
覆碗陰陽法先天；
陰陽變化示神奇，
裏圈點點外圈圈。

8. 坤正北玄武：

地坤居北用點槍，
六球一合歸原法；

督槍纏戰法最精，

六球一開回龍華。

此槍之縱橫交錯、往復連轉，變化多端，但均未出八方綫的封域。所謂八方綫，即一“米”字形。此米字形，乃為武當太極演練器械的規範。也可謂“儀注”（係指特定一種姿態）。

該槍經代代相傳，不斷研習，各有心得，但皆為心傳口授，密而不宣，現為弘揚是術，亦分露如下：

槍訣歌：

仙人指路太極槍，
起手中平誰敢當；
舉火燒天頂上架，
滚杆換式轉身忙。

背步擰槍當胸刺，
封腿朝天一柱香；
滚杆撥打刁翎箭，
平槍橫掃勢難當。

反臂撩眉難逃走，
霸王摔鞭貫斗牛；
槍槍緊逼當胸刺，
單臂平槍鎖咽喉。

收槍下勢垂杆釣，
怪蟒翻身定乾坤；
佯輸退去誰云敗，
回首封槍亂點頭。

左把翻江右攪海，
下撲一槍豈能逃；
蓋馬三槍無敵手，
敗中取勝回馬槍。

奪魂取命七星步，
裹手撩眉巧封槍；
若問此槍名何姓，
本是太極十三槍。

槍點歌訣：

中平槍，槍中王，上下高低都不防。高不攔，低不拿，當中一槍難遮架。

槍有十法：

上崩、下砸、裹提、外滑、點挑壓把、蓋、劈、撩、扎。

槍有十扎：

一扎腳，二扎手，三點虎口，四穿袖，五扎兩肋，六扎心，七扎肩頭，八撩眉目，九扎咽喉要人命，十扎金鷄亂點頭。

六合大槍蓋馬五槍：

督槍、纏戰、鐵掃帚、鐵牛耕地、黃鶯爭食。

三　吳式太極槍譜

（一）乾卦居正南，命之定盤星；
一朝八法式，督槍為準繩。
1. 并步持槍
2. 進退八法
3. 督槍往還

（二）兌少陰卦本位西，青龍出水勢法奇；
巧女紉針妙如神，奇步攔掃勢安逸。
1. 左右青龍出水
2. 巧女紉針
3. 奇步槍
4. 鐵掃帚

（三）離卦先天位正東，猛虎跳澗劈頂槍；
金童送書玉臂長，金鷄獨立式猖狂。
1. 猛虎跳澗
2. 金童送書
3. 金鷄獨立

（四）震卦為雷象仰盂，梅花現蕊點蛇香；
金龍擺尾連環轉，鳳凰展翅對朝陽。
1. 梅花現蕊
2. 金龍擺尾
3. 鳳凰展翅

（五）巽木先天西南位，五行主剋與長男；
雙木剋土九宮轉，九九八十一難還。
1. “坤”
2. “兌”
3. “坤”
4. “艮”
5. “離”
6. “乾”
7. “坎”

8. “震”

9. “震兌合演”

（六）坎水本應居正北，適緣先天移正西；
縺戰蹲身槍劃圓，崩點圈槍法最奇。

1. 纏戰三圈

2. 三步上圈

3. 七星步槍

4. 起手中平

5. 蛟龍出水

6. 地蛇攔路

7. 宿鳥投林

8. 鳳凰展翅

（七）艮為山薄雲屬土，東北戊土艮覆碗；
象應人體居在胃，雙隅之位先後天。

1. 艮為山岳

2. 回馬取勝

3. 槍槍緊逼

（八）坤為地玄武主土，西南已土坤六段；
象對人身位在脾，眼腎睾雙六球現。

1. 纏戰蓋馬

2. 地坤歸原

3. 風擺荷葉

4. 立竿見影

5. 卞和還鄉

四　吳式太極槍動作圖解

（一）乾卦居正南，命之定盤星；
一朝八法式，督槍為準繩。

1. 并步持槍

面向正南，兩腳并齊，身體直立，右手持槍（圖 4-1）。

左掌屈臂向右上方抬起，至右肩前方，掌心向上；雙目隨視右前方（圖 4-2）。

左掌從右肩移至左肩再向左推平，雙目轉視正東（圖 4-3）。

左掌收回握住槍杆與右掌將槍略向上提，目視正南（圖 4-4）。

圖4－1

圖4－2

圖4－3

圖4－4

2. 進退八法

面轉向正東，左脚向前進一步，右脚緊跟上一步；同時，向前劈槍（圖 4-5）。

右脚向右前方進一步，隨之屈膝前拱；同時右把反提至右耳側左把前推（圖 4-6）。

左脚前進一步，右脚緊跟進半步；同時起槍刺喉（圖 4-7）。

左脚前進一步，右脚緊跟上一步；同時以槍刺肩（圖 4-8）。

圖4—5

圖4—6

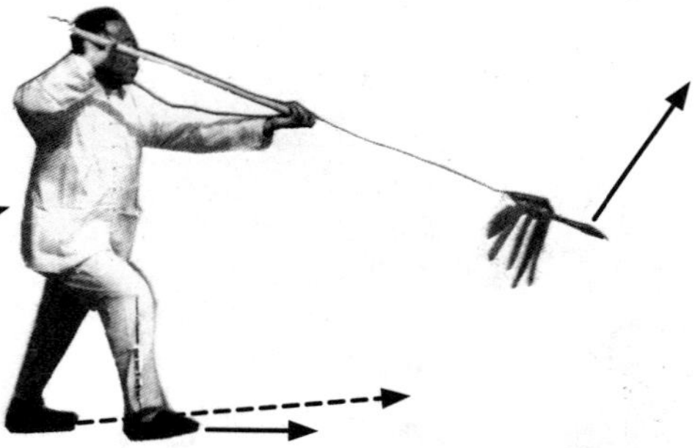

圖4—7

圖4—8

右脚後退一步，左脚亦隨之後撤一步；同時將槍往後微拉（圖 4-9）。

右脚後撤一步，左脚亦隨之後退一步，身微下蹲；同時，持槍由右前往左横撥，至槍尖高與膝平（圖 4-10）。

右脚後撤一步，左脚亦隨之後退一步，脚尖點地，體重寄於右腿上；同時，兩手持槍由下往上微微一托；雙目注視左前方（圖 4-11）。

左脚落平，右脚後撤一步，左脚隨之亦後退一步，脚尖點地，重心移於右腿上；同時持槍向右後微撥（圖 4-12）。

圖4—9

圖4—10

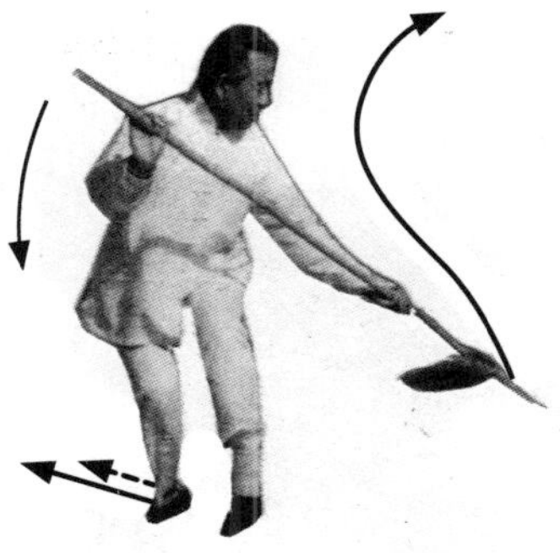

圖4—11

圖4—12

3. 督槍往還

右脚後撤一步，左脚隨之後退一步；雙手持槍向前捅挫（圖 4-13）。

右脚後撤一步，隨之屈膝前拱，上體向右轉仍回頭目視正南；左腿伸直，脚跟離地；同時，左手穩穩地托住槍杆，右手如同攥虎尾往後拽；此時面向西南（圖 4-14）。

左手托槍穩如泰山；右把順勢向前推送，以右肘靠近右肋、右食指甲緊貼左掌心為度；同時，以兩前脚掌為軸向左轉身面向正南；隨之，左膝前拱，右腿伸直，脚跟離地；目視正前方（圖 4-15）。

續之右脚後撤一步，屈膝前拱，上體向右轉仍回頭目視正南；左腿伸直，脚跟離地；同時，左手穩穩地托住槍杆，右手如同攥虎尾往後拽；此時面向西南（圖 4-16）。

圖4－13

圖4－14

圖4－15

圖4－16

左手托槍穩如泰山；右把順勢向前推送，以右肘靠近右肋、右食指甲緊貼左掌心為度；同時，以兩前腳掌為軸向左轉身面向東南；隨之，左膝前拱，右腿伸直，腳跟離地；目視正前方（圖 4-17）。

陰陽變化化無窮，由粗至精無止境；術到盡處翻成悟，槍至無形始有神。簡介數幅：

閃步貼鑽：左腳蹬地，抽回續往右前方閃進一步，腳尖外擺，膝微屈；同時將槍抽回懷抱槍杆，內涵貼鑽之意；此時面向正南（圖 4-18）。

進步左撥：右腳越過左腳前進一步；同時，兩手持槍從右往左前方橫撥；此時面向東（圖 4-19）。

提把下格：左腳從右腳內側往左前方進一步，腳尖外擺，膝微屈；右腳後跟微微離地；同時，右把上提槍鑽朝天，槍尖向下接近地面；目視槍尖，面向東北（圖 4-20）。

圖4－17

圖4－18

圖4－19

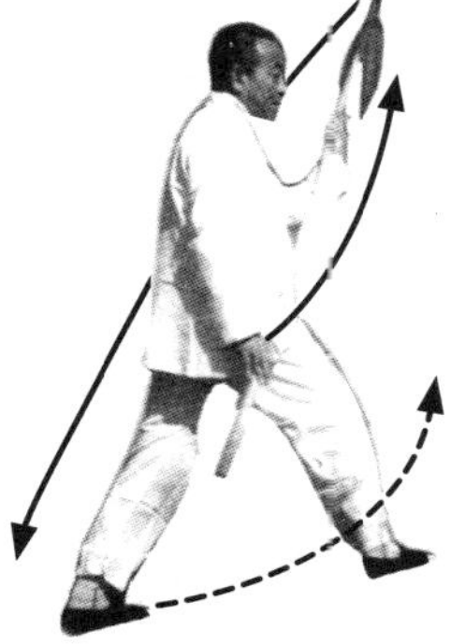

圖4－20

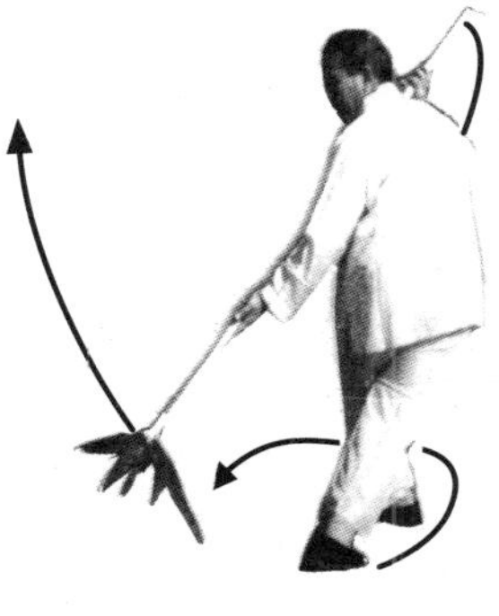

弓步挑喉：右脚越過左脚往左進一大步，隨之，屈膝前拱；左腿膕窩舒直；左把在前托槍，右把在後壓槍，槍尖向前上方挑擊；面向北（圖 4-21）。

點刺解溪：步法不變；兩手持槍向前下方伸展，後把向前把上送勁，使槍尖點刺敵之脚腕（圖 4-22）。

蓋步點膝：左脚向右脚之右前方橫擺一步，落步之同時，雙手持槍從右往左前上橫攔點刺，槍尖高不過膝；目視前下方（圖 4-23）。

弓步探刺：右脚從後繞過左脚在右前方落步，隨之屈膝前拱；同時右把向前捅出，槍尖接近地面（圖 4-24）。

圖4-21

圖4-22

圖4-23

圖4-24

進點橫槍：左脚移至右脚前方以脚尖點地；同時，收腹坐身，兩把握槍、鬆肩墜肘，將槍帶回，橫置身前；目視正前方（圖 4-25）。

進步撩眉：左脚向前邁進一步，左膝微屈；同時，雙手握槍，縮把伭槍向前上方撩出；目視槍尖（圖 4-26）。

退步橫槍：雙手持槍往懷中回收，橫置胸前；同時左脚收回落在右脚之前方，脚尖點地；目視前方（圖 4-27）。

（二）兌少陰卦本位西，青龍出水勢法奇；
巧女紉針妙如神，奇步攔掃勢安逸。

1. 左右青龍出水

虛步撩眉：兩把合併，持槍從左往前上方瞄準眉稍進槍；同時左脚往前進半步，上體微向後坐身；目視槍尖（圖 4-28）。

圖4－25

圖4－26

圖4－27

圖4－28

弓步吐鬚：左脚進半步，膝微拱；同時右把捅出，槍與肩平；目視槍尖（圖 4-29）。

虛步撩眉：兩把併力，持槍從右往前上方瞄準眉稍進槍；同時右脚越過左脚前進一步；左脚隨進一步，仍落在右脚前方，脚尖點地；目視槍尖（圖 4-30）。

弓步吐鬚：左脚前進半步，膝微拱；同時，右把向前捅出，以食指緊貼左掌心，槍與肩平；目視槍尖（圖 4-31）。

2. 巧女紉針

簷前滴水：左脚前進半步，膝微屈；同時，後把上提，使槍尖向前下點頭（圖 4-32）。

圖4—29

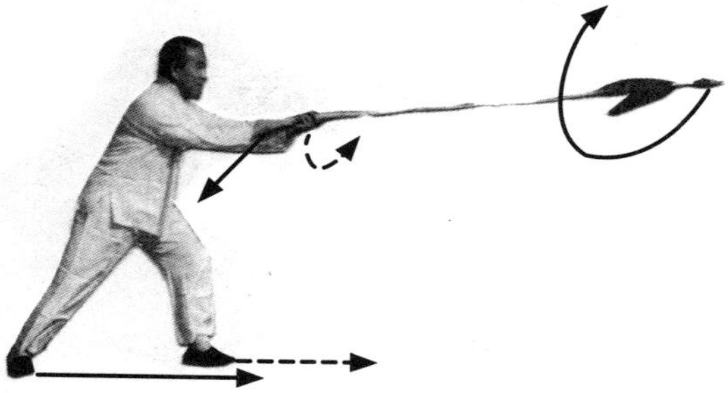

圖4—30

圖4—31

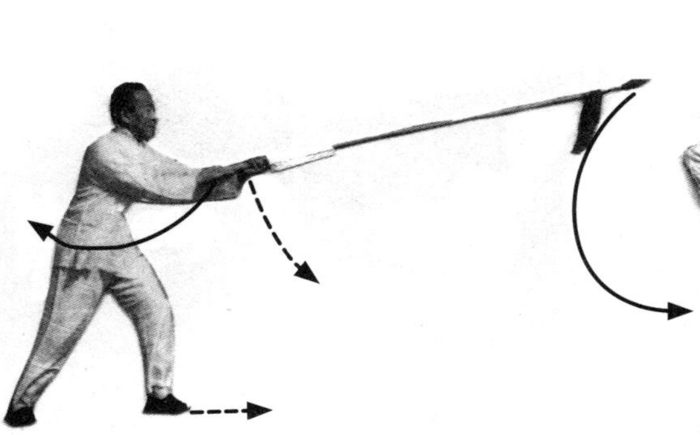

圖4—32

并步上挑：右脚隨跟進一步落於左脚後，重心仍在右腿；同時右把向下壓把，使槍尖往上挑擊前刺（圖 4-33)。

槍尖指面：左脚前進半步，兩膝微屈；同時，兩手持槍輕輕向前下方送出；目視前下方（圖 4-34）。

跟步前穿：兩肘微沉，前後把略向上向後移動，將槍向後上方抬起；兩肘下沉同時，右脚向前進一步落在左脚跟的右側，上體略蹲；同時，左手平托，右手將槍向前捅出（圖 4-35）。

3. 奇步槍

開步捅挫：左腳前進一步，同時長身，後把將槍撤回靠近前胸（圖 4-36）。

圖4－33

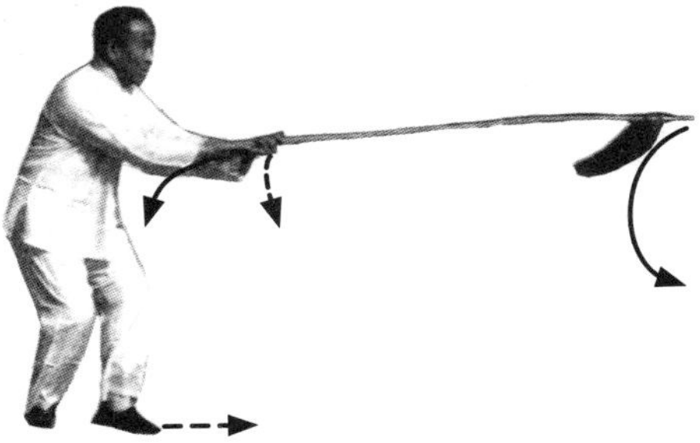

圖4－34

圖4－35

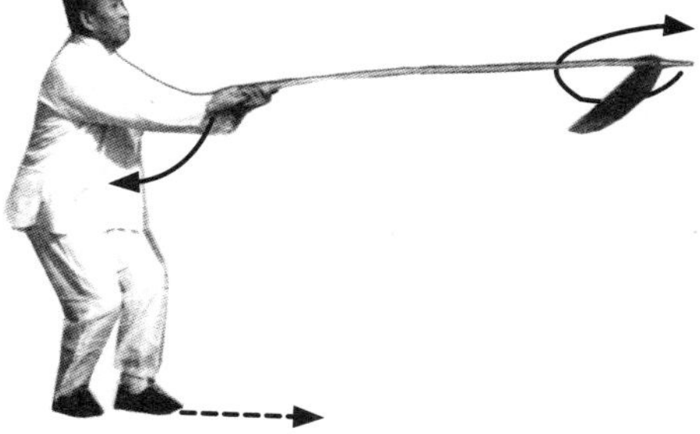

圖4－36

并步捅槍：右脚向前進步，與左脚靠攏，兩膝微屈且內側相貼；同時，後把將槍向前捅出，槍尖微向上翹（圖 4-37）。

奇步衝槍：左脚向前衝進一步，右脚緊隨進一步（保持原狀）；同時後把將槍向後微撤復向前送出（圖 4-38）。

4. 鐵掃帚

虛步橫帶：右脚向後撤一大步，左脚隨後退一步，脚尖虛點地，脚跟翹起；同時上體略蹲；前後把分開將槍帶回横於胸前（圖 4-39）。

半步沉槍：左脚向前進半步，兩膝微屈；同時以槍的前後把之間微微向下沉採（圖 4-40）。

圖4-37

圖4-38

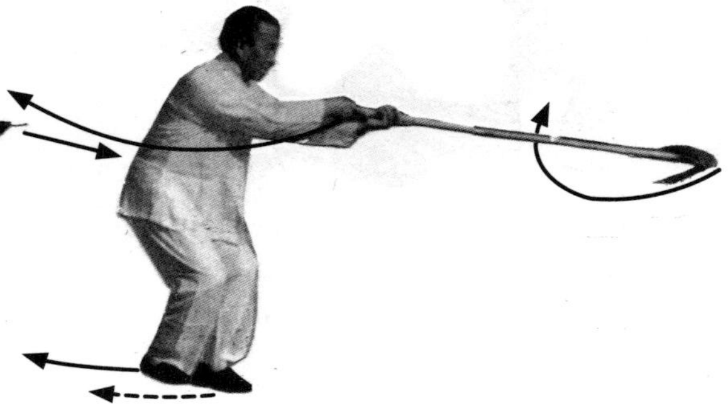

圖4-39

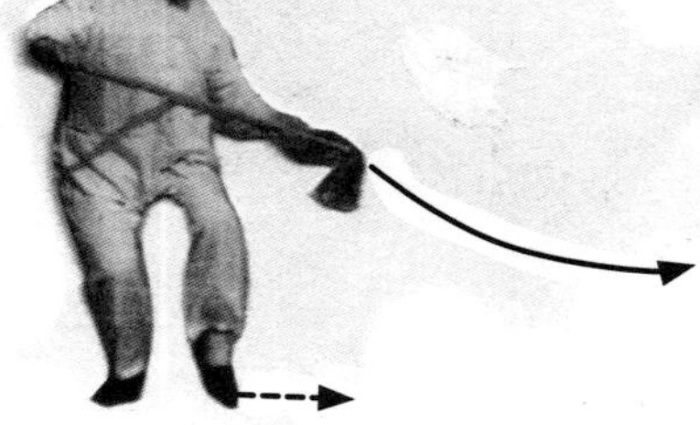

圖4-40

虛步橫帶：右脚向左後方撤一步，左脚隨撤落到右脚前，仍以脚尖虛點地；同時，兩手仍將槍往回帶到胸前（圖 4-41）。

弓步掃擊：左脚向左前方進一步，屈膝前弓；右腿舒直；同時，兩手持槍由左向前、向右橫掃（圖 4-42）。

虛步橫槍：往後回身，左脚收回，脚尖虛點地；同時，兩臂彎屈，將槍帶回横於腰間（圖 4-43）。

起身崩衝：左脚向左前方進一步，左膝微屈；在左脚落步之時長身；同時，後把向前將槍捅出，出槍時，要含向外、向上之崩勁（圖 4-44）。

圖4－41

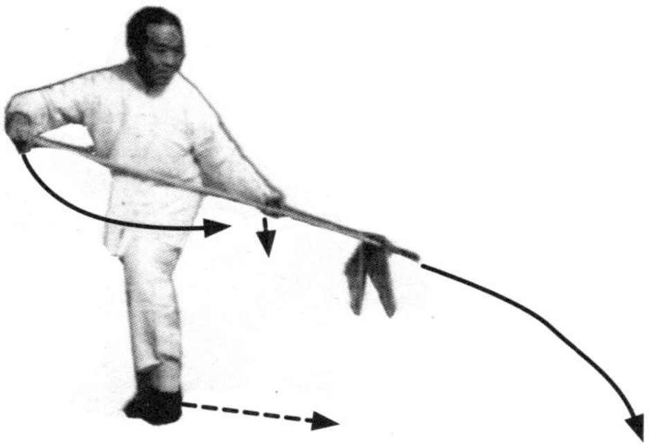

圖4－42

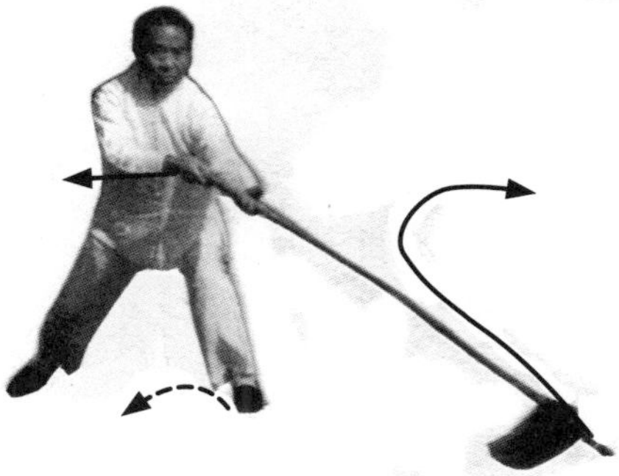

圖4－43

圖4－44

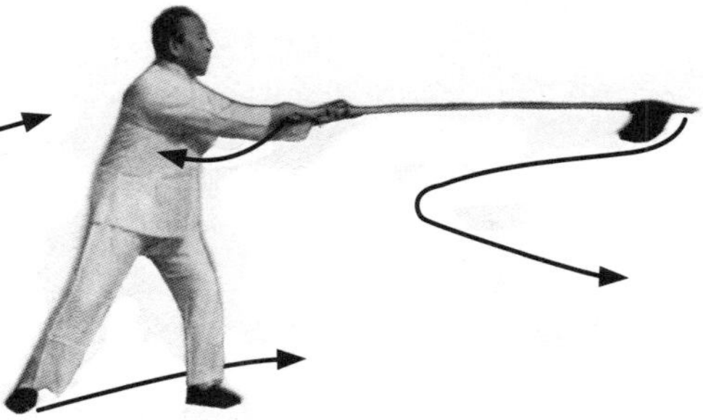

（三）離卦先天位正東，猛虎跳澗劈頂槍；
金童送書玉臂長，金鷄獨立式猖狂。

1. 猛虎跳澗

背步攔槍：左脚不動，右脚向左脚左後方倒插一步；同時，兩把握緊槍，兩臂微屈將槍向懷內回帶（圖 4-45）。

虛步沉槍：左脚移至右脚前，脚尖點地；兩手持槍微向下沉採（圖 4-46）。

躍步捅挫：右脚越過左脚落步，右脚剛剛着地，左脚向右脚前方猛進一步踏實，右脚提起；同時兩手持槍向前衝進（圖 4-47）。

弓步掃擊：右脚隨上體左轉而向左落步；左脚越過右脚前進一步，隨之，屈膝前弓；同時，前後把相挫，并互換把位，使槍從上向前下橫掃；面向西（圖 4-48）。

圖4－45

圖4－46

圖4－47

圖4－48

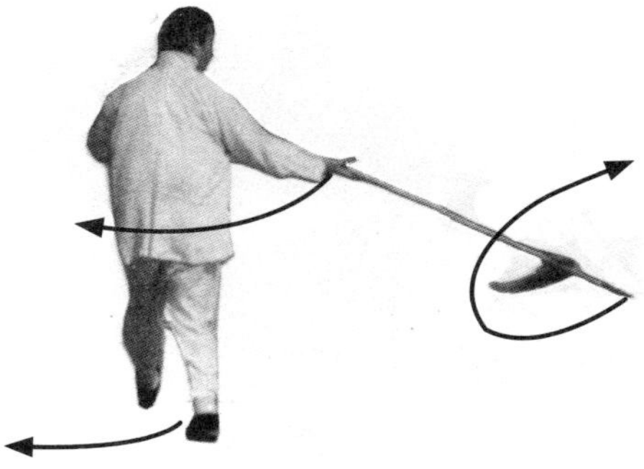

回身橫攔：右脚向身之左後方撤一大步，隨之，往右轉身；兩脚成半馬襠步；同時挫把，後把裏扣，前把滾托；面向西北（圖 4-49）。

虛步顛槍：右脚不動，左脚向後撤半步，前脚掌踏地；同時兩手持槍隨退身向下沉採（圖 4-50）。

坐步上挑：右脚向右前方進半步，左脚隨跟，在右脚前以脚跟着地，脚尖翹起，體重寄於右腿；同時，右把向右胯外側沉墜。左把握槍杆使槍尖向上斜挑（圖 4-51）。

換步劈頂：左脚再進半步踏實；右脚隨跟進半步，屈膝離地；同時，兩手持槍由後往前，隨上體前進之勢向前劈進（圖 4-52）。

圖4－49

圖4－50

圖4－51

圖4－52

2. 金童送書

右脚前進一步，左脚先與右脚靠攏，再向左橫進一步，形成馬步；同時，前後把將槍握好置於胸前，向下沉採；面向西（圖 4-53）。

背步平穿：右脚從左脚後邊往左倒插一步，脚尖點地；同時，前把托穩槍杆，後把將槍向前送出，以右肘靠近右肋為度（圖 4-54）。

仆步垂釣：右脚踏地，左脚越過右脚向左開一大步，隨之屈膝略蹲形成仆步；同時，右把槍不動，左把鬆肩墜肘，使槍尖從左經前上方向右劃弧綫，最後使槍杆呈水平（圖 4-55）。

太公釣魚：長身，左腿伸直，右脚收回靠近左脚，以右脚尖點地；同時左把撤至右把附近，兩手心相對（圖 4-56）。

圖4—53

圖4—54

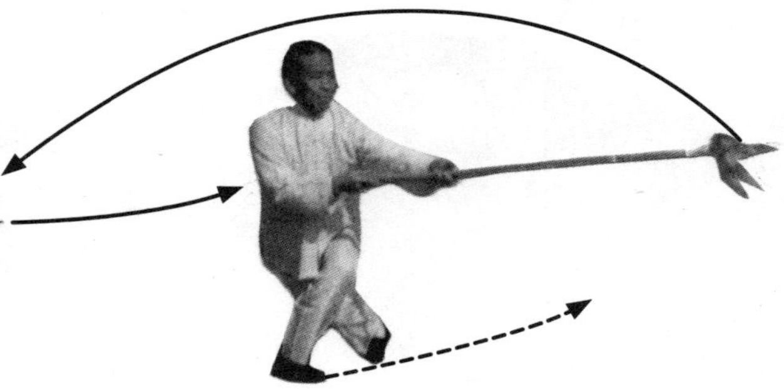

圖4—55

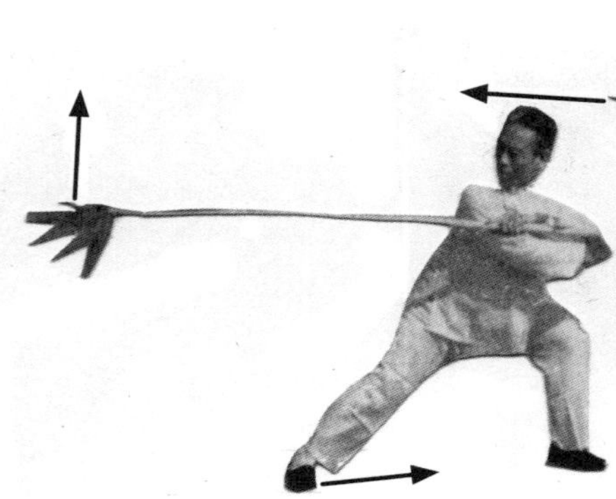

圖4—56

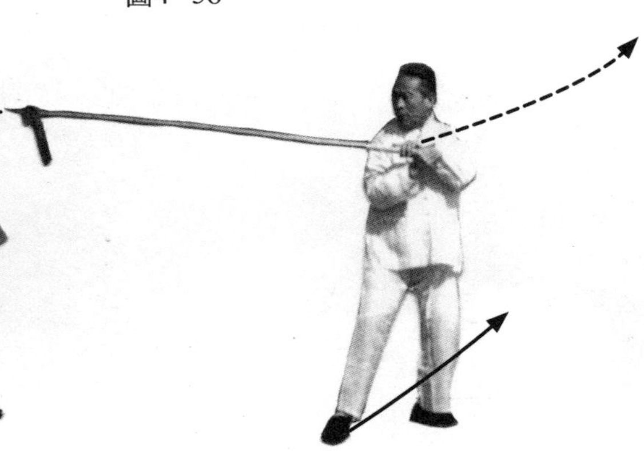

大鵬展翅：右把單臂持槍與左掌同時將槍舉至胸前上方時，右把將槍向右平推出，左掌向左平推，指尖向上；右腳同時屈膝抬起（圖 4-57）。

回身橫攔：右腳往左腳後邊之左側落步；同時向右轉體，左腳再向身之左前方前進半步，腳尖點地，同時，兩手持槍置於胸前；面向東北（圖 4-58）。

回身穿刺：左腳向左橫開半步左轉身 180°，右腳隨落於身的右側，屈膝前弓；同時，右把將槍向前捅出，以右肘靠近右肋為度；面向西南（圖 4-59）。

虛步崩槍：右腳不動，左腳移置右腳前，腳尖點地；兩手持槍，隨往後坐身，前把推後把墜，使槍杆出崩勁（圖 4-60）。

圖4−57

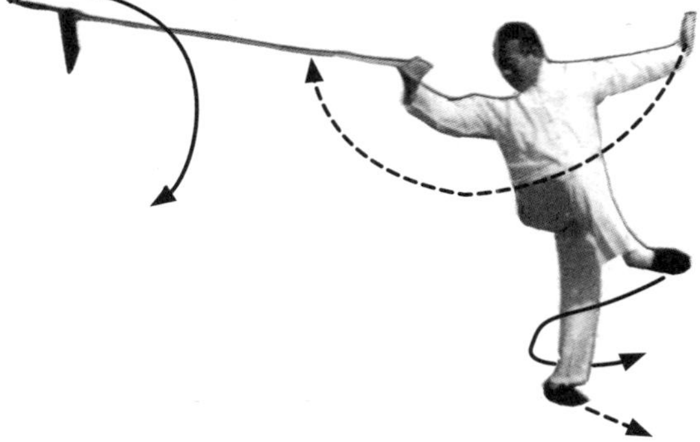

圖4−58

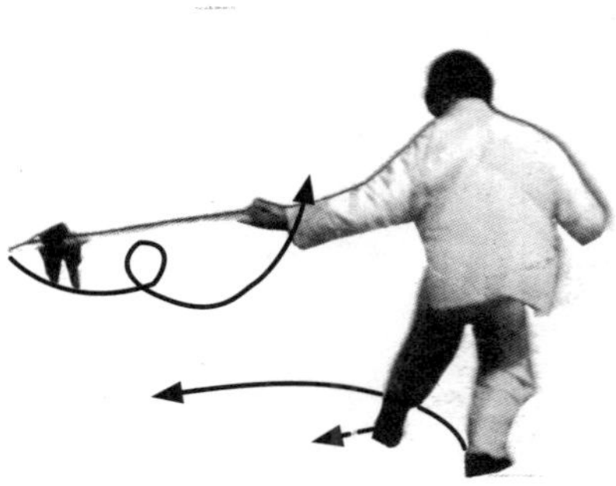

圖4−59

圖4−60

3. **金雞獨立**

蓋步掃槍：左脚向左擺一步。右脚隨之越過左脚在左前方落步，脚尖外擺形成蓋步；同時，前後把向内合勁，槍横於身之右前下方；面向南（圖 4-61）。

叉步掃膝：右脚向右後撤一步。左脚隨之越過右脚横進一步形成交叉步；同時兩手持槍隨向前下方横掃；面向東南（圖 4-62）。

歇步横槍：兩脚不動，上體下蹲，右膝蓋抵住左腿膕窩，右脚尖點地；同時，前後把分掙往懷内合抱使槍横置胸前（圖 4-63）。

換把上擎：兩脚步法不變，只長身，兩腿伸直；同時，前後把互換把位，使槍尖朝天（圖 4-64）。

圖4－61

圖4－62

圖4－63

圖4－64

左翻江式：左脚向身之左後方撤一步，右脚隨身之轉而進步，落於左脚之右前方；同時，左把將槍鑽提至身之左上方，右把順勢降至身之右前下方；面向西北（圖 4-65）。

右攪海式：左右兩把上下交錯調換把位；同時，右脚經左脚後再向右横開一步，槍杆斜横於胸前；面向西（圖 4-66）。

蘇秦背劍：右脚前進一步，同時右把槍鑽向前蓋頂而下；左脚前進一步，脚尖點地；左把將槍掖至右腋下，右把同時向後下方沉墜，使槍尖朝天，槍杆緊貼脊背（圖 4-67）。

獨立朝天：右把槍鑽下沉；左掌同時向下、向左、向上走弧形至頭頂左上方，靠近槍纓，掌心朝天；同時左脚收回屈膝上提；右脚單腿支撐體重（圖 4-68）。

圖4-65

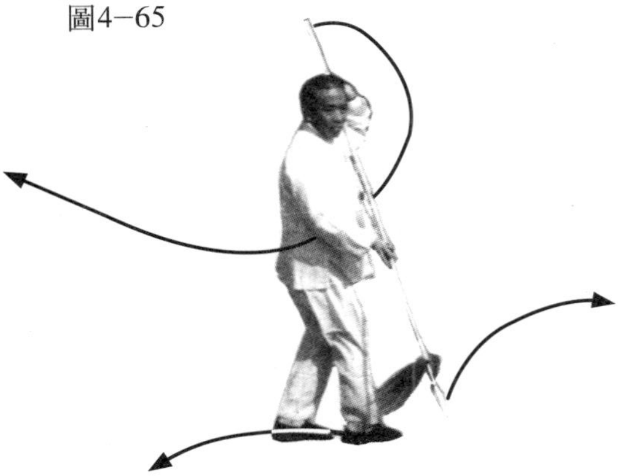

圖4-66

圖4-67

圖4-68

（四）震卦為雷象仰盂，梅花現蕊點蛇香；

金龍擺尾連環轉，鳳凰展翅對朝陽。

1. 梅花现蕊

擎天柱式：左脚向身之左側落步；右把單臂持槍，從身後由右經身前，再往身後回至身前；右轉身，提右脚在左腿前邊落成蓋步；同時兩手互換把位，槍尖朝天；面向北（圖 4-69）。

回身點劈：左脚向前進一步，隨之向右轉身，右脚收回落到左脚旁，脚尖點地，長身、兩腿伸直；同時，兩手舉槍往前劈點；面向東（圖 4-70）。

換把左劈：右把搬槍杆往左，與左把調換位置後再向左前方劈出；同時，左脚向左橫開一步，右脚向左脚後邊倒插一步（圖 4-71）。

霸王摔鞭：右脚向右前方進一步，隨之屈膝前弓；同時，左把搬動槍杆，朝右

圖4—69

圖4—70

圖4—71

圖4—72

脚前進之方向甩出，右把前移托住槍杆，使槍杆水平（圖 4-72）。

沉槍下壓：兩手持槍，左膝微屈，往後退身；鬆肩墜肘，使槍杆向下沉墜（圖 4-73）。

背步點溪：右脚不動，左脚向右脚後邊倒插一步；同時，左把屈臂沉肘向上提至左肩前，右把向前下方伸展（圖 4-74）。

進步上崩：右脚向槍尖下面進一步；兩膝微屈成馬步；同時，左把從向下壓至左胯前，右把微向上托，使槍尖斜向前上方（圖 4-75）。

插步下崩：左脚向右脚之右後方倒插一步，脚尖着地；右膝微屈，體重寄於右腿；同時，左把向上提至左肩前；右把屈肘外旋，使槍尖朝右前下方（圖 4-76）。

圖4－73

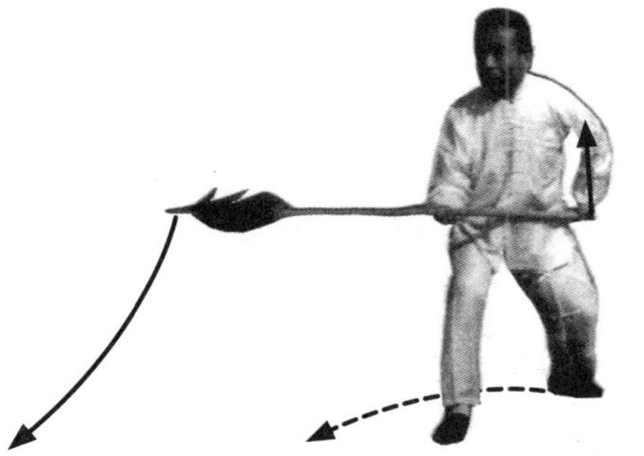

圖4－74

圖4－75

圖4－76

太公垂釣：步法與重心均不變動；兩手持槍，鬆肩墜肘，將槍舉至水平，高於肩齊（圖 4-77）。

背步平穿：右脚往右前方横開一步，左脚隨之亦往右脚後邊倒插一步，右把不動；左把在右脚開步之同時將槍捅出，左脚背步時將槍撤回（圖 4-78）。

插步攬槍：右脚向右横移一步，左脚仍在右脚後邊倒插一步；同時，左把由上往下掼槍，右把以逆時針搖槍（圖 4-79）。

朝天現蕊：右脚不動，左脚從身後移至右脚前方，脚尖點地，兩脚成跨虛步；同時，右把將槍杆搬起移至身前，槍尖朝天；左右把相挫，互換把位；微微坐身（圖 4-80）。

圖4-77

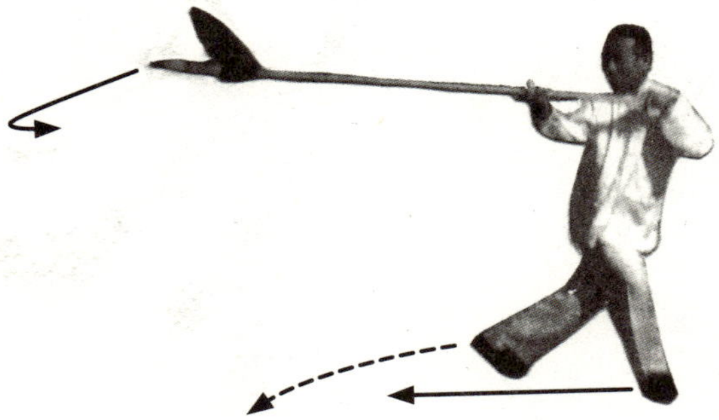

圖4-78

圖4-79

圖4-80

2. 金龍擺尾

背步掃槍：兩手持槍向右降落後，再向前、向左橫掃；同時，左腳向左移一步，右腳亦向左移，置左腳後邊，腳尖點地（圖 4-81）。

虛步揚帆：右把使槍鑽朝右前方沉墜，左把將槍杆搬起使槍尖斜向左上方；同時右腳向右前方進一步；左腳亦向右移半步，腳尖點地（圖 4-82）。

進步劈頂：左腳向左前方進一步，往後坐身；同時，兩手持槍向前捅，并向前下方劈落；面向東北（圖 4-83）。

偷步沉槍：左腳前進半步。右腳隨之向左腳後邊偷進一步，腳尖點地；同時，兩手持槍向下沉墜，使槍尖高平肩；左把後撤接近右把（圖 4-84）。

圖4－81

圖4－82

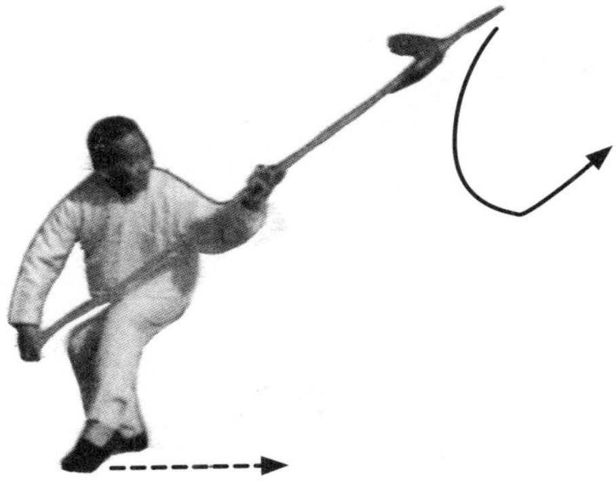

圖4－83

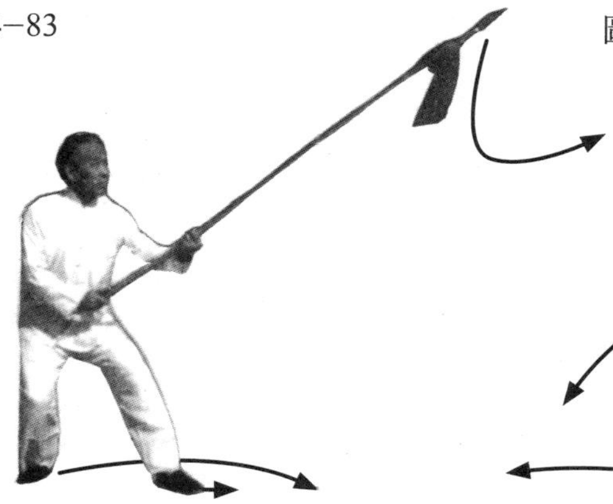

圖4－84

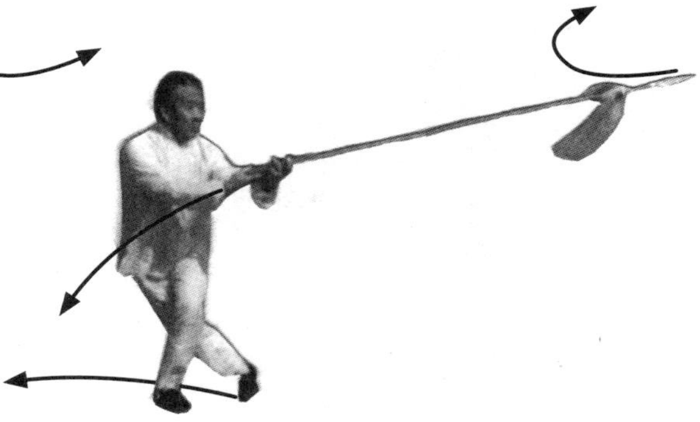

馬步上崩：左把托槍不動，右把使槍鑽往後下方沉墜；右脚在兩把分掙時往後撤一步成半馬襠步；面向北（圖 4-85）。

右下擺槍：立身，左脚向右微移；兩手持槍向下落槍，至高與膝相平時再往右下方平擺（圖 4-86）。

左上擺槍：左膝微屈，上體略蹲；同時，左把回搬槍杆，使槍尖高過頭頂；右把將槍鑽往右後下方沉墜，并搖擺使槍尖朝左前上擺動（圖 4-87）。

半馬沉槍：兩膝微屈，上體微下蹲，形成半馬襠步；同時，兩手持槍，鬆肩墜肘，使槍杆落至高與腰齊（圖 4-88）。

圖4-85

圖4-86

圖4-87

圖4-88

扯鑽纏擺：重心移至右腿，上體微向後撤；同時，左把不動；右把隨上體之後撤，向右後方扯開，使槍尖劃一弧綫（圖 4-89）。

後撤沉槍：左把托槍不動，右把握槍往後抽撤；同時往後退身，屈膝略蹲身，前後把隨蹲身之時，使槍杆向下沉砸（圖 4-91）。

槍扎九寸：左膝微屈前弓，右膝亦稍屈，兩腿形成鬆襠步；同時，前把托槍穩如泰山，後把将槍向前捅出，以右肘尖貼近右肋為度（此為九寸槍）（图 4-90）。

中平前督：左把托槍不動，右把握槍向前平直捅出，以右食指緊貼在左掌心上為度；同時，左膝微屈前拱，右腿舒直，脚跟揚起（圖 4-92）。

圖4-89

圖4-90

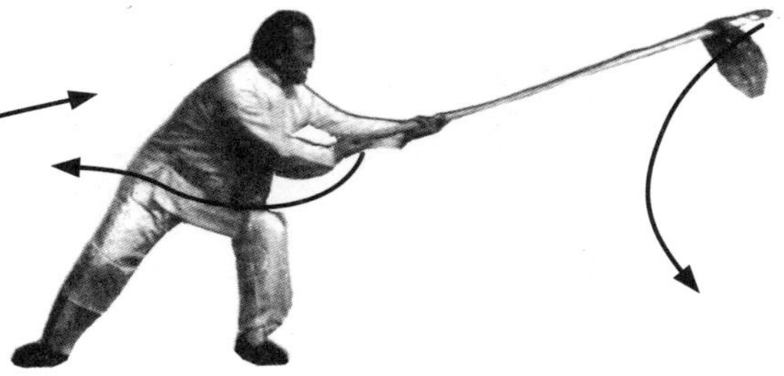

圖4-91

圖4-92

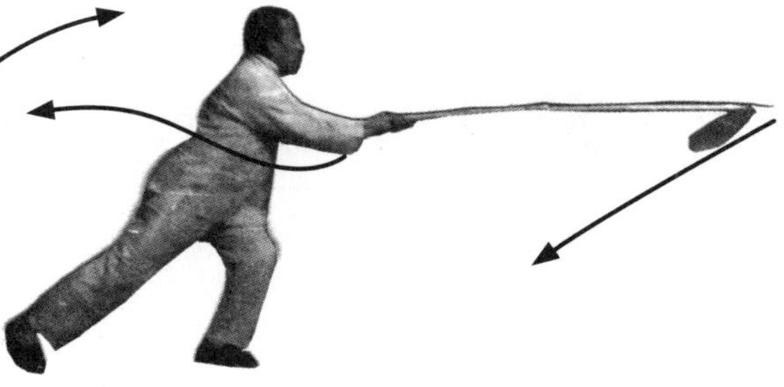

扯旗聽風：上體向右後轉身，右足隨回收落平，隨之屈膝前弓，左腿伸直，腳跟後蹬離地；同時，左把托槍不動，右把將槍往後拉平；面向南（圖 4-93）。

鶴膝鑽槍：左把托槍不動，右把緊握槍鑽向前捅出，至左臂彎處時，猛向下沉把，靠近左膝；同時，左轉身，左腿屈膝前拱；右腳跟後蹬離地（圖 4-94）。

扯旗奔騰：右腳落平，隨之屈膝前拱；左腳跟揚起蓄向後之蹬勁；同時，左右把前後扯開，使槍杆高與肩平（圖 4-95）。

鷂子串林：向左轉身，左腳跟回收落平，隨之屈膝前拱；右腳跟蓄向後之蹬勁；同時，左把托槍不動，右把握住槍鑽向前上方捅出，至右把靠近胸前微向下沉（圖 4-96）。

圖4－93

圖4－94

圖4－95

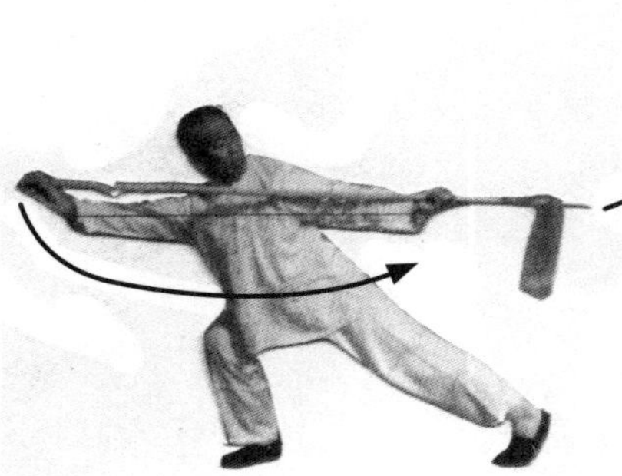

圖4－96

快馬前奔：向右轉身，隨之右膝前拱；左腳舒直，腳跟離地；同時，左右兩把前後扯開（圖 4-97）。

回馬沉槍：向左回身，左腳跟收回落平；兩膝微屈，上體下蹲；兩把持槍隨蹲身而向前下方沉砸（圖 4-98）。

起身上崩：兩腳同時蹬地，上體直立，左腳收回靠近右腳形成丁虛步；同時，兩把前後合勁，使槍杆前半部含向前、向上崩起之勁（圖 4-99）。

蹲身垂釣：步法不變，只是兩膝微屈，上體略蹲；同時，兩手持槍，用合把勁使槍杆由上往下沉落，并含顛簸勁（圖 4-100）。

圖4-97

圖4-98

圖4-99

圖4-100

閃步橫槍：左脚向右脚之右前方挪半步，仍以脚尖着地；收腹退身；同時，兩手持槍以分、合把變化之能，將槍速往回帶，橫於腰間；面向東南（圖 4-101）。

尋蛇點香：上體微向左轉，兩膝微屈略蹲；同時，左把槍向前下方點刺；右把緊握槍鑽後撤靠近右肋（圖 4-102）。

長身橫槍：右脚蹬地，上體直立；同時，左脚微向左前移動，仍以脚尖點地；兩手將槍帶回胸前（圖 4-103）。

轉身獻鑽：左脚向右脚之左後方撤一步，隨之，向左後轉身；右脚移至左脚右側以脚尖點地；同時，左把槍隨撤脚轉身而向後上挑起；右把推槍鑽置於頭部左上方；面向西北（圖 4-104）。

圖4－101

圖4－102

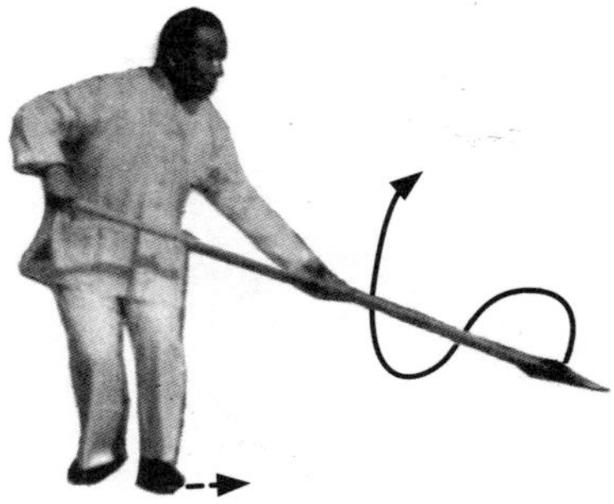

圖4－103

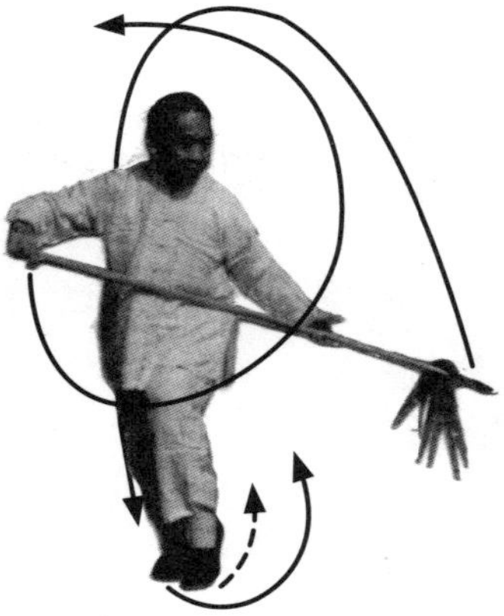

圖4－104

擺步外掛：右脚向右前方邁出一步，脚尖外擺；左脚跟離地外旋；右把向右往外上提；左把隨勁前推；面向東北（圖 4-105）。

3. 鳳凰展翅

回身左撥：左脚提起靠近右脚不停，即往身之左後方外擺一步；右脚脚尖裏扣，隨之屈膝略蹲，體重寄於右腿；同時，左把槍在左脚外擺之際向前下走順勁，右脚裏扣坐身時，即沉右把，使槍尖向前上往外橫撥，上體隨向左轉；面向西（圖 4-106）。

轉身攔槍：右脚向左前方進一大步立即向左後轉身；兩手持槍同時屈臂，將槍帶到胸前，并滾動至腰間（圖 4-107）。

合把拿槍：右把不動，左把順着槍杆向前滾壓；同時，左腰向右腿降落，左脚微向右移，仍以脚尖點地（圖 4-108）。

圖4—105

圖4—106

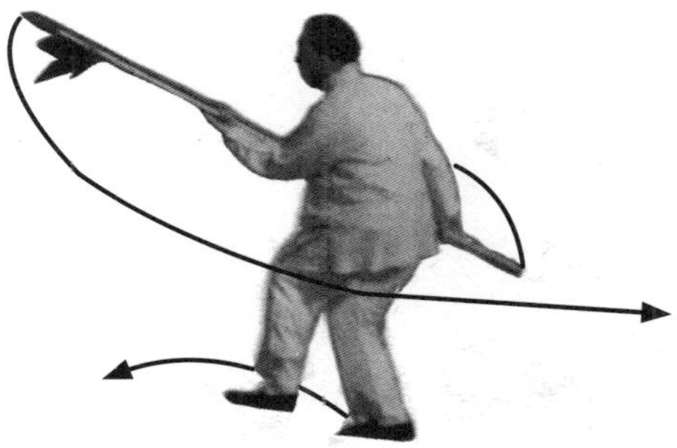

圖4—107

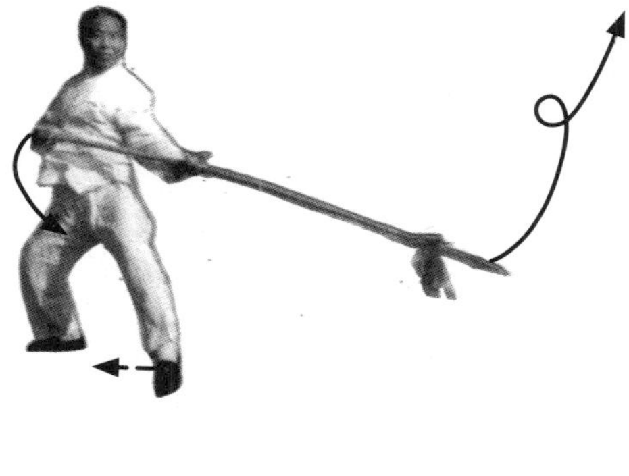

圖4—108

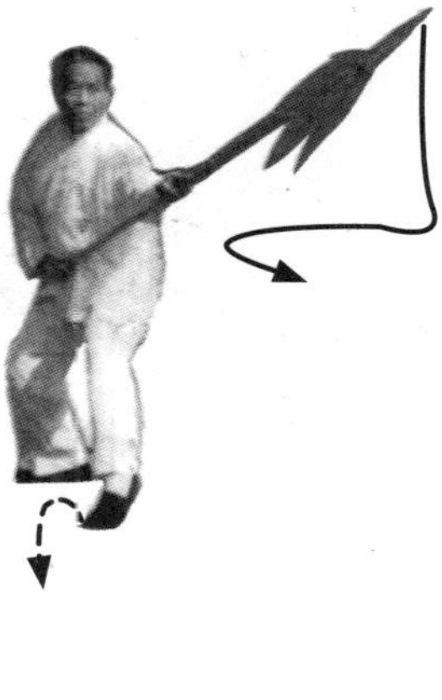

縮身點腕：前後把相合，使槍尖向前下如鷄啄米之勢；同時，鬆肩墜肘，往後退身，將槍帶回；左腳隨退身之際而撤回至右腳前（圖 4-109）。

鳳翅單展：右把槍鑽由腰間向前移動，至臍前續往左推把；左把不動，使槍頭由左向右擺移；同時左腳前進半步（圖 4-110）。

單翅掃擊：左把由右向左前下方合把，右把同時由左向右上方微提，使槍頭由右向左前下方橫擺；同時，兩腳蹬地，長身，槍杆下沉（圖 4-111）。

坐身上崩：右把槍搖擺下壓；左把槍先向後微搬，續向前推按，使槍頭由下向前上方崩起；同時，上體微向右轉，并向後、向下坐身（圖 4-112）。

圖4-109

圖4-110

圖4-111

圖4-112

搖把抽攔：左把槍鬆力向前下方推按；右把槍同時向後上提、帶；然後，前後把合勁回帶，將槍杆橫置腰間（圖 4-113）。

側展鳳翅：上體微向左扭轉；右把槍向後下方微壓；左把在右把下壓之同時，向外搬搖，使槍頭由正前方，先向左下方再朝左前上方挑起（圖 4-114）。

鷂子鑽天：上體縮身後退，左脚微向回收、脚尖點地；同時，左把向後搬槍杆；右把推槍鑽置於腹前；兩把合勁，使槍頭朝天（圖 4-115）。

平沙落雁：身向右微轉，并往後坐，左脚向右橫移半步，脚尖虛點地面；同時，右把向後抽撤置腰間；左把在右把後撤之同時，向前下推按槍杆，至槍頭對正前胸；面向西北（圖 4-116）。

圖4-113

圖4-114

圖4-115

圖4-116

流星趕月：左脚向左前方進一步，右脚向前越過左脚落步，右膝微屈；同時，前後把合勁，隨着身子的前進，將槍向前下方捅出；面向西南（圖 4-117）。

進步橫攔：右脚不動，左脚向前進一步，隨之，上體向左扭轉；同時，兩把向左右分掙，將槍向懷內帶回，橫置於腰間；面向南（圖 4-118）。

鹿伏前進：左脚向左前方進一步，右脚隨向前越過左脚落步；隨之屈膝略蹲，左脚隨即抬起，兩把鬆握槍杆，兩臂儘量展開（圖 4-119）。

弓步獻鑽：左脚向左前方進一步，隨之，屈膝前弓；同時，鬆肩墜肘，左把回搬槍頭靠近左肋；右把鬆力，將槍鑽從右後向左前方推送甩出；面向東南（圖 4-120）。

圖4—117

圖4—118

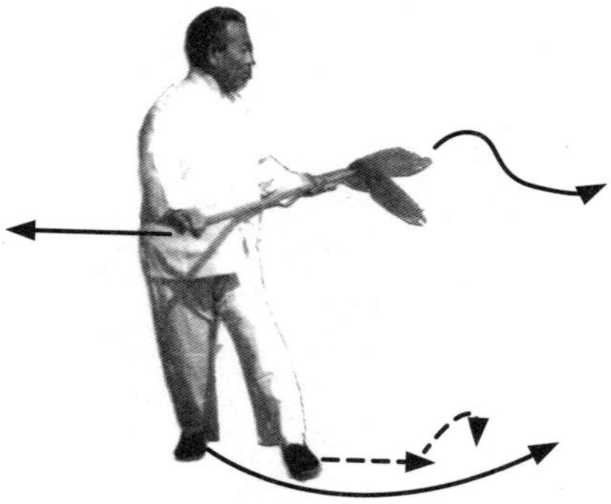

圖4—119

圖4—120

豎柱擎天：右脚向左脚前方進一步。脚尖外擺落實；左腿屈膝抵住右腿彎，左脚跟揚起；同時，左把將槍頭搬置右膝外側，槍頭朝下；右把鬆肩墜肘，使槍鑽朝天；面向西（圖 4-121）。

托梁換柱：左脚踏實，向右轉身；右脚向左脚右方撤一大步踏實，同時左脚抬起，向右邊踩；左把不動，右把鬆力，展臂上提，并含摜槍之意；面向北（圖 4-122）。

蓋步摜槍：左脚踏實，隨之，屈膝略蹲；右腿屈膝抵住左腿彎，脚尖着地；同時，兩手握槍，鬆肩墜肘，將槍從上往後下方摜戳（圖 4-123）。

丹鳳朝陽：右脚從左脚後邊繞過左脚向右前方進一步，脚跟着地，脚尖揚起，體重仍在左腿；同時，左把將槍朝前上方托起，右把朝後下方壓槍鑽，使槍尖斜向前上；面向西（圖 4-124）。

圖4－121

圖4－122

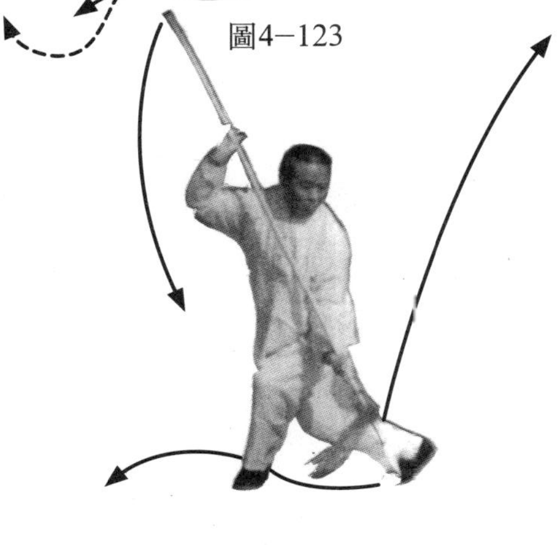

圖4－123

圖4－124

孔雀抿翅：右脚落平，左脚向前進一步，脚跟着地，脚尖揚起；同時，右把槍向前推進；左把朝後回搬使槍尖朝後下方（圖 4-125）。

縮步獻鑽：左脚後撤半步，脚尖點地；右脚不動，往後微微退身；同時，右把鬆力不動；左把緊握槍頭，將槍杆順右把向前捅出（圖 4-126）。

度量天尺：右脚往後撤半步；左脚隨之也後退半步，脚尖點地；同時，右把搬回槍鑽，變為後把握住槍鑽；左把將槍頭向前滑送出去（圖 4-127）。

縮身上崩：往後縮身下坐；同時，兩膝微屈。左脚略往後退，仍以脚尖點地；右把槍往後下沉壓，左把先往回搬，隨即向前上推挫（圖 4-128）。

以上共計一百二十八槍，正符合先後天八卦變化之數字。即八八六十四卦重覆一次之合數。此乃走過前四門。即乾一、兌二、離三、震四。先天八卦，五行主剋。所以“長男奪取少女寶”，必須注意“火候爻株休錯了”。

圖4—125

圖4—126

圖4—127

圖4—128

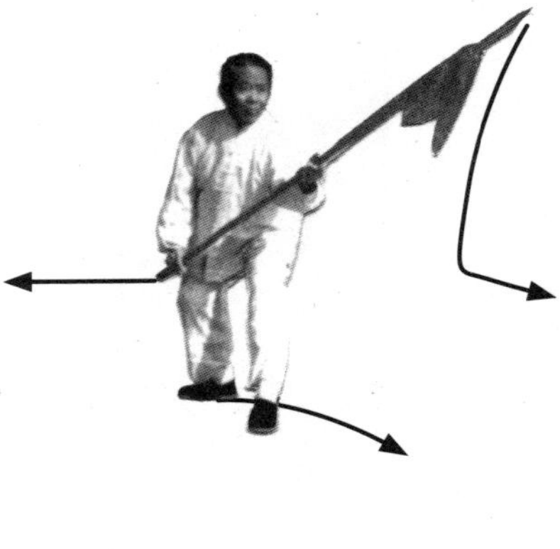

（五）巽木先天西南位，五行主剋與長男；
雙木剋土九宮轉，九九八十一難還。

巽為風，遍九宮，每宮生，僅九槍。

1. “坤”

插步橫攔：兩手持槍，分把將槍帶回，橫置於身前；同時，右腳從左腳後邊向左倒插一步，腳尖點地（圖 4-129）。

二郎擔山：兩手持槍由前往身後平戳，左手撒把置於右腕側；右把握緊將槍杆放置右肩上；左腳向左前進一步，屈膝前拱；面向南（圖 4-130）。

擔山趕月：左掌從右腕側向左前上方展開，置於左額前方；臉轉向右，目視右前方；同時，右腳前進一步，左腳也隨進一步，仍如前狀（圖 4-131）。

擔山追風：左掌與右把握槍姿勢不變；右腳前進一步，左腳也前進一步，左腳落地之時，右腳抬起（圖 4-132）。

圖4-129

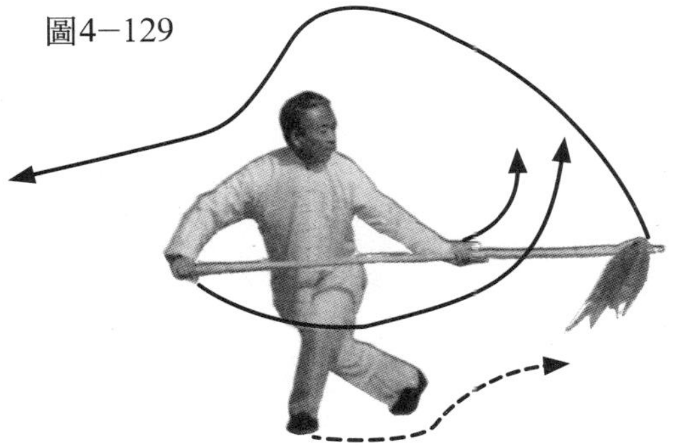

圖4-130

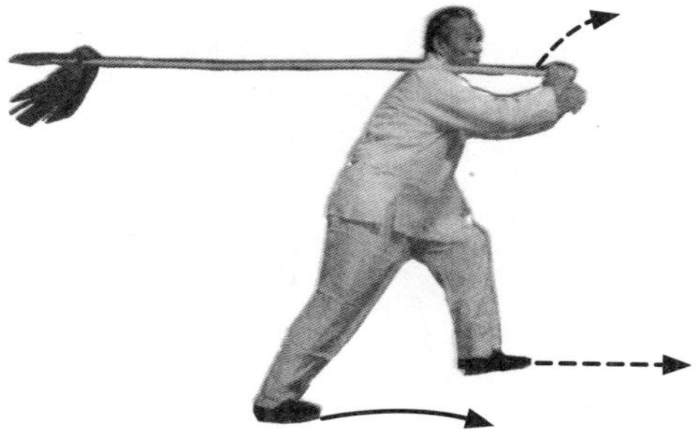

圖4-131

圖4-132

擔山尋徑：左掌與右把握槍姿勢保持不變；右脚向前進一步，隨之屈膝前拱；左脚脚跟虛起，脚尖也虛點地面（圖 4-133）。

擔山頓停：左掌與右把槍之姿勢仍保持不變，左脚向左前方進一步，兩膝微屈；收腹，上體微向前傾（圖 4-134）。

擔山再起：左掌與右把槍，仍保原狀；右脚向前進一步，左脚也前進一步；右脚隨之屈膝，右脚抬起（圖 4-135)。

霸王摔鞭：右脚向前落步，左脚隨進一步，兩脚微屈，上體微微向下坐身，成半馬襠步；同時，鬆右肩，墜右肘，右把向前、向下沉採，使槍杆由身後向前走弧綫落平，左把平托（圖 4-136)。

圖4—133

圖4—134

圖4—135

圖4—136

提把下灌：右把將槍鑽往右後上方提起；左把緊握槍隨上提，使槍頭朝身之左前下方；同時，右腿伸直，左腳收於右腳之左前方，腳尖點地；面向西（圖 4-137）。

2. “兌”

蓋步掃膝：左把搬槍頭至左肋後，右把鬆力使槍鑽滑把向右前下方送出；同時，左腳向左前方進一步，腳尖外擺，右膝抵住左腿彎，腳尖點地；面向南（圖 4-138）。

越進橫門：右腳向前越過左腳落步，左腳再向前越過右腳落步，兩腳蹬地，微微屈膝；同時，兩手持槍將槍杆橫置於胸前（圖 4-139）。

蓋步劈頂：左腳抬起在右腿前方落步，腳尖外擺；右腳跟離地，右膝抵住左腿彎；同時，右把將槍鑽立起，左把將槍頭搬置身之左側，隨向前下方劈進（圖 4-140）。

圖4－137

圖4－138

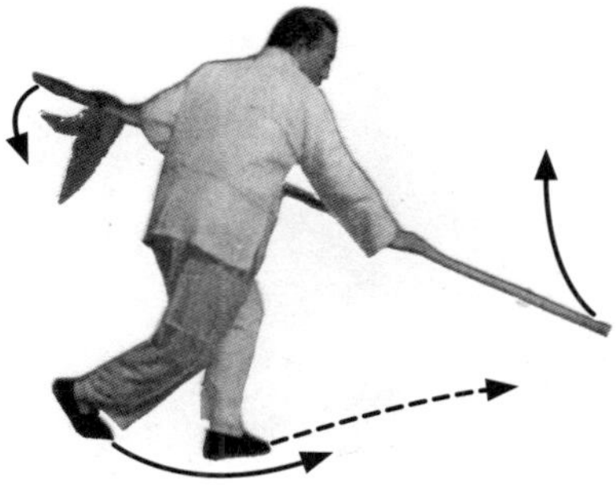

圖4－139

圖4－140

槍鑽下掛：右脚向右前方進一步；上體微向右轉，兩腿直立；同時，右把將槍鑽右後下方回掛；左把將槍頭揚起，置於左額之前方（圖 4-141）。

槍鑽前捅：右脚向右前方微微進步，左脚隨微微前移；同時，兩把緊握槍杆，隨向前、向外微微移動（圖 4-142）。

背步獻鑽：右脚不動，左脚向右脚之右後倒插一步，脚尖着地；同時，左把槍尖搬至身之左下方；右把鬆力將槍鑽推提至右前上方；面東南（圖 4-143）。

定海金針：左把將槍尖推至右前下方，右把隨上提，使槍杆與地面垂直；同時，右脚向身之右後撤一步，脚尖外擺；左膝靠近右腿彎；面向南（圖 4-144）。

圖4—141

圖4—142

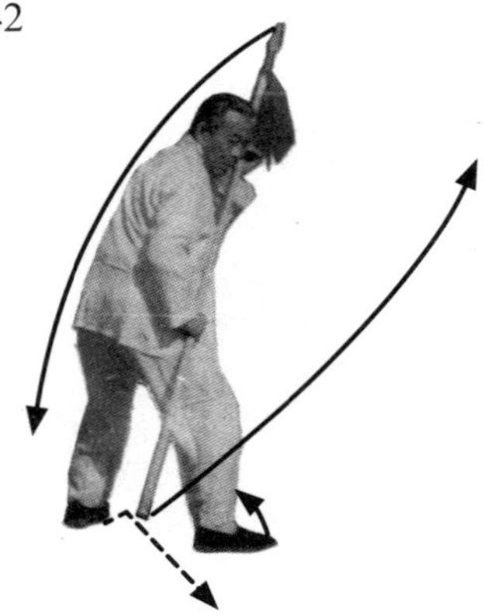

圖4—143

圖4—144

擺步回攔：左轉身，左脚先收回，再向左後方進一步，脚尖外擺，右脚尖隨裏扣；同時，右把鬆力將槍杆推向下，并往左把推近，而左把握槍往左前橫撥；面向北（圖 4-145）。

抱槍繞行：右脚越過左脚，再往左前方進一大步，脚跟着地；同時，上體微向左扭轉；兩把屈臂抱槍靠近前胸（圖 4-146）。

3. “坤”

擺步粘撥：右脚落平，左脚向右脚前進一步，脚尖外擺；同時，上體隨進步微向左扭轉；左右兩把，抱槍姿勢不變，在槍上涵粘撥之勁；面向西（圖 4-147）。

迎門豎戟：右脚越過左脚向前進一步，脚尖裏扣，右膝微屈；同時，左把將槍杆微向回搬；右把緊握槍杆向前推送，使槍杆斜向左上；面向南（圖 4-148）。

圖4—145

圖4—146

圖4—147

圖4—148

拗步劈槍：右膝前拱，上體略蹲，左膝微屈，左脚跟揚起；同時，右手屈臂使槍鑽向後靠近右肋；左把槍向前、向下推按（圖 4-149）。

進步橫攔：左脚由後向前越過右脚前進一步，脚尖外擺；右脚隨向左前方進一步，脚尖裏扣；同時，左把搬，右把推，使槍杆橫置於胸前，高與肩平；面向東（圖 4-150）。

轉身穿膝：右脚不動，左脚抬起隨即落下，脚跟着地；上體微向左扭轉；同時，右把握槍鑽，将槍向前捅出；左把鬆握槍杆（圖 4-151）。

弓步上穿：左脚落平，屈膝前拱，右腿舒直；上身微向前俯；同時，左把托槍不動；右把將槍向前捅出，以右肘尖貼近右肋為度（圖 4-152）。

圖4－149

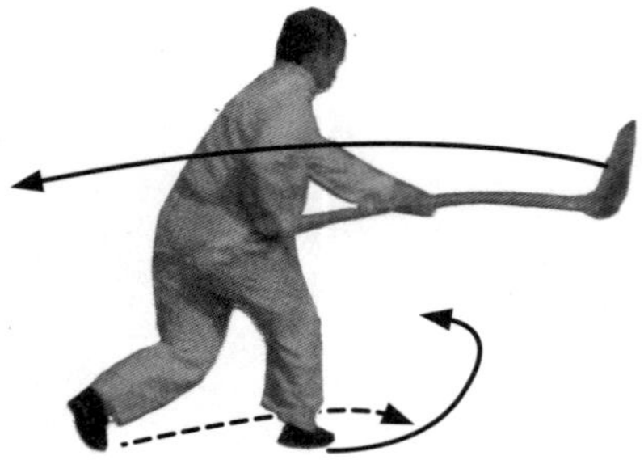

圖4－150

圖4－151

圖4－152

蓋步回掃：右脚越過左脚向前進一步，脚尖外擺；左腿屈膝，脚跟離地；同時，前後把向左右分掙，隨即將槍帶回，橫置於腰間，槍頭斜向下（圖 4-153）。

進步撩槍：右把往回搬槍鑽；左把推槍杆，由左後向左前撩出（兩把要靈活）；同時，左脚緊隨槍的移動向前進一步，兩膝微屈（圖 4-154）。

奪把橫槍：左脚蹬地往身之左後撤一大步，隨之屈膝略蹲；右腿也屈膝，兩脚成鬆襠步；同時，前後把互換，以滑把動作使槍從右橫移向左前方；面向北（圖 4-155）。

4. “艮”

換步奪槍：右脚往身後撤一步；左脚向右脚之右前方橫進一步，兩膝微屈，右膝貼近左腿彎；同時，左右把互換槍杆保持水平；面向西北（圖 4-156）。

圖4-153

圖4-154

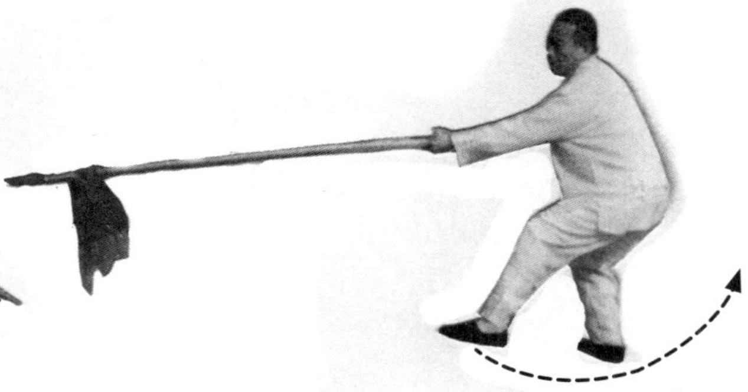

圖4-155

圖4-156

撤步縮身：右脚移至左脚後仍落成虛步，兩膝同時鬆力，上體略蹲；同時，收腹縮身；左把托槍使槍杆在掌心中流暢地滑動；右把緊握槍鑽往後微撤微縮，即如龜縮（圖 4-157）。

馬步沉槍：左脚落平，右脚向左脚之右方橫跨一步，兩膝微屈，上體下蹲；同時，兩手合把，鬆肩墜肘，使槍杆從上向下涵沉墜之勁（圖 4-159）。

插步橫攔：右脚向右前方進一步，左脚隨即向右膝之右方進一步，脚跟着地；同時，兩手持槍先隨右脚前進而往右，續往左橫擺；面向西（圖 4-158）。

脚踏中門：左脚向兩脚中間之前方進一步，右脚向左脚之左後進一步，脚尖點地；同時，前後把握緊槍杆靠近腰間（圖 4-160）。

圖4－157

圖4－158

圖4－159

圖4－160

扭身點刺：右脚在原地踏實；左脚收回到右脚之前方而虛懸不落；同時，抽身吸腹，兩把合槍由左向前戳點刺進（圖 4-161）。

邊行兩翼：左脚向前偏右進一步；右脚向前偏左進一步，隨之，屈膝前拱，左膝同時抵住右腿彎，脚跟揚起；同時，兩手持槍，由左前方往右横撥（圖 4-162）。

披閃攔拿：左把向左前搬移槍杆，上身同時往右後披閃；左脚落實，右脚往右横開一步；隨之屈膝略蹲，左膝靠近右腿彎，脚尖着地；同持，右把先向前推，隨即兩把握槍回帶至腰間（圖 4-163）。

5. **“離”**

退步拿攔：左脚向前進一步，右脚向身之右後方撤一步踏實；同時，左脚收於右脚旁，脚尖點地；兩手持槍向前扣把（為拿），續向後回搬（為攔）（圖 4-164）。

圖4—161

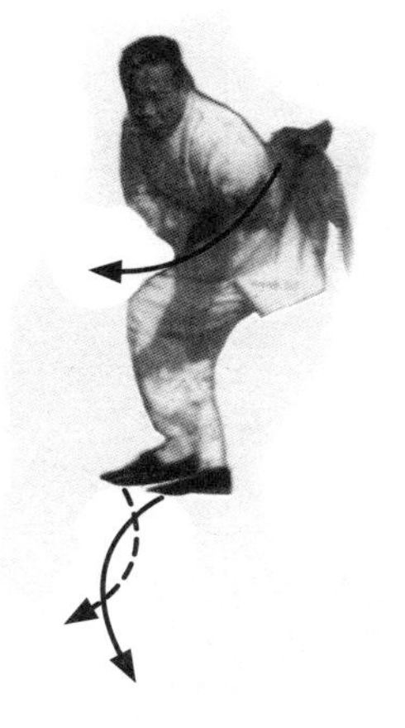

圖4—162

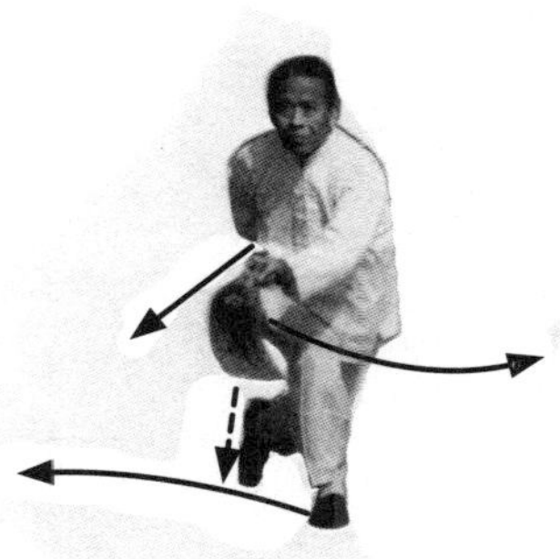

圖4—163

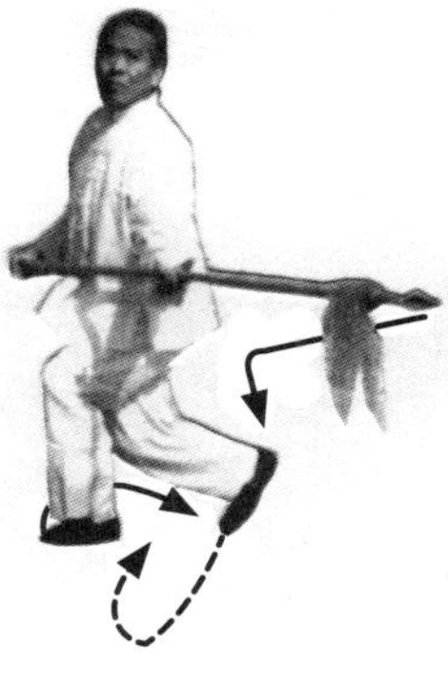

圖4—164

換步中鋒：左脚向左前方進一步；右脚越過左脚前進一步，膝微向前拱；同時，兩把持槍，向右橫撥（圖 4-165）。

金童送書：左脚越過右脚向前偏右落步踏實，膝微屈；右脚在左腿左後方倒插一步，以右膝抵住左腿彎，脚尖點地；同時，右把將槍向前捅出（圖 4-166）。

蓋步前穿：右脚向右進一步，左脚也向右進一步，右膝抵住左腿彎；左把托槍，右把將槍向前捅出（圖 4-167）。

順風搖旗：左右兩脚之步法不變；只是前後把分向左右，將槍由前擺置左後上方（圖 4-168）。

圖4－165

圖4－166

圖4－167

圖4－168

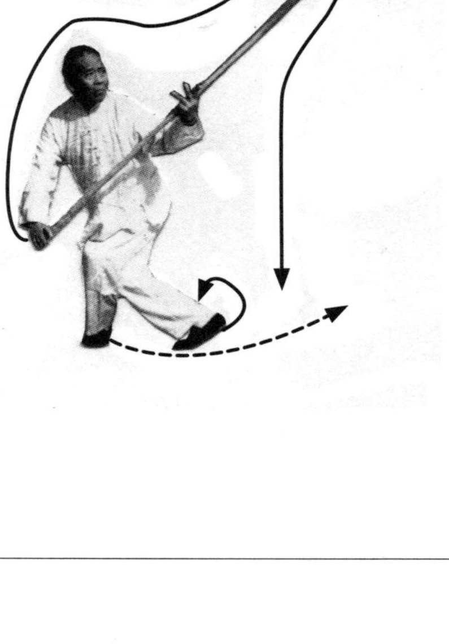

倒拔垂楊：左脚向左後方移一步，右脚隨即往後撤退一步，兩腿直立，雙膝微屈；同時，左把將槍往回帶，置於身前，槍頭朝下；右把將槍由下往上提起，兩臂屈肘，使槍鑽朝天；面向西南（圖 4-169）。

錦地卧龍：左把托槍向身之右側送出；右把隨即向下壓槍，使靠近左肩；同時，上體下蹲，左腿彎屈，右腿舒直成仆步（圖 4-170）。

起身上崩：左把緊握槍杆，含向前上托之意；右把握緊槍杆，含上提、外推之意；同時，兩脚蹬地起身，并向右扭轉；右脚收置左脚前；面向西（圖 4-171）。

上步仆槍：右把鬆力，往後移握槍鑽，與左把合勁，捽槍向前、向下仆進；同時，左脚隨仆槍之勢前進一步；隨之，右腿屈膝蹲身，左腿舒直，成仆步；面向北（圖 4-172）。

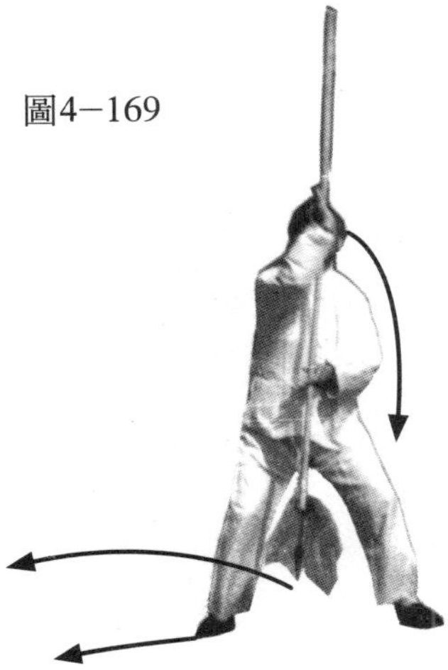
圖4-169

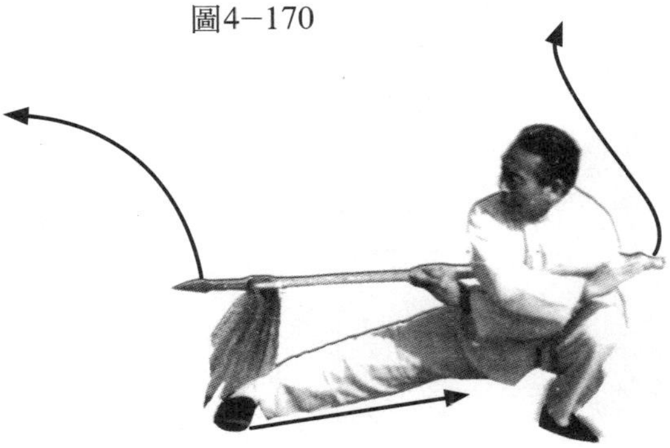
圖4-170

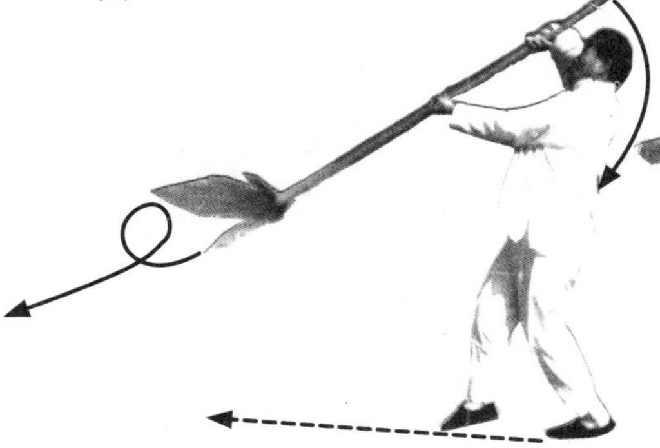
圖4-171

圖4-172

6. “乾”

開步橫攔：兩脚蹬地，上體挺直；隨之，身向左轉，左脚向左後方橫開一大步，兩脚成虛步；左右把緊握槍杆，兩臂微屈，使槍橫平置腰間，面向西南（圖 4-173）。

縮身炮槍：左脚落地踏實，兩脚仍在原地；兩膝微屈，收腹，向後坐身；同時，左把托住槍杆，右把槍鑽壓置小腹，使槍尖朝前上方（圖 4-174）。

搖槍穿肋：右膝鬆力微向前屈，上體微下蹲，左脚脚尖點地；同時，左把平托槍杆不動，右把先揚起，至槍身水平，同時，隨搖隨向前穿槍（圖 4-175）。

退身探槍：往後縮身；右腿屈膝下蹲，左脚隨即向左前橫移半步；同時，兩手持槍由右往左平擺。左把托槍宜穩，右把宜注九寸槍（圖 4-176）。

圖4—173

圖4—174

圖4—175

圖4—176

轉身回掛：上體右扭并長身，右脚不動，左脚尖裏扣；同時，右把槍上提置於右肩前；左手鬆力活把，邊落槍邊向前推送置右腿内側；面向西（圖 4-177）。

蓋步反撥：左脚經右脚向前進一步，脚尖外擺成蓋步；同時，左把屈肘，將槍頭搬回朝天；右把槍鑽斜向下沉採；面向西南（圖 4-178）。

轉身上格：向左轉身，左脚向後抽撤一步，右脚再向左脚之右前方進一步；同時，兩把持槍略向前、向外撥；面向東南（圖 4-179）。

回身橫格：右脚向左脚後撤一大步；隨之，上體向右後轉身，隨即兩膝微屈、略蹲；左脚脚尖虛着地面，脚跟揚起；同時，兩手緊握槍杆，往懷中微帶；面向西（圖 4-180）。

圖4－177

圖4－178

圖4－179

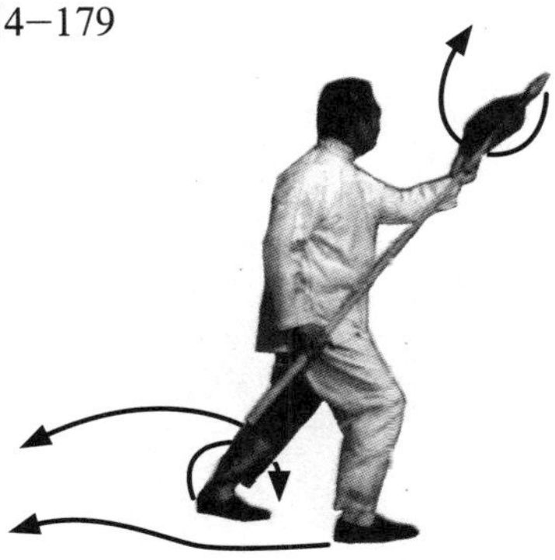

圖4－180

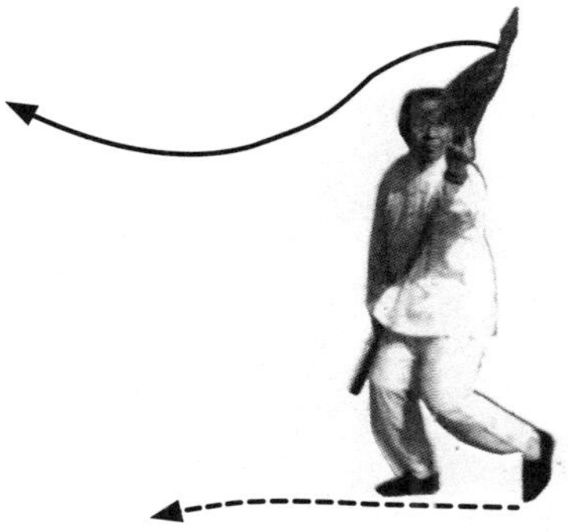

進步捅挫：左脚向右脚前進一大步，兩脚含前進之意；同時，兩手持槍，隨着身子之前進而向前捅挫（圖 4-181）。

7. “坎”

跪膝栽槍：右脚向左脚前方進一步；隨之，屈膝下蹲，左脚脚尖點地，脚跟揚起；同時，兩手持槍從上往下栽植，槍尖向下（圖 4-182）。

披身斜掛：左脚向左横開一步，隨之屈膝前拱；右腿舒直，右脚跟往外開；同時，右把將槍鑽壓至右脚跟外側；左手屈臂將槍尖由下向左前上方揚起；面向西南（圖 4-183）。

蓋步獻鑽：右脚向左脚前方進一步，脚尖外擺，屈膝略蹲；左脚尖點地；同時，右把將槍鑽向上方挑起，左把將槍頭向下沉降（圖 4-184）。

圖4－181

圖4－182

圖4－183

圖4－184

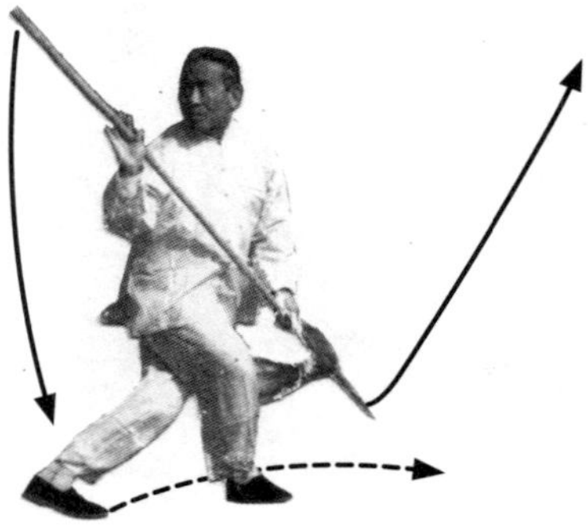

上挑下掛：左脚向左前方進一步，膝微屈；右腿舒直；同時，左把向上挑起，使槍尖朝斜上方；右把將槍鑽向右脚之右後方降落（圖 4-185）。

半步提掛：左脚不動，右脚回收半步；同時，左右兩把同時將槍往上、往前提掛（圖 4-186）。

換把倒栽：左右兩把上下對滑挫把換槍，使槍頭翻降於右後下方；同時，左脚向右脚後方倒插一步，脚尖着地，左膝抵右腿膕窩（圖 4-187）。

鏟步崩槍：左脚原地落平，右脚隨之向右橫跨一步，左膝微屈；同時，右把握槍向前提送；左把屈臂往下壓把（圖 4-188）。

圖4－185

圖4－186

圖4－187

圖4－188

擺步提撥：右脚向左前方進一步，脚尖外擺，膝微屈；同時，左把屈臂上提至左耳後方，使槍鑽朝天；右把推槍置右膝之前方（圖 4-189）。

開步上穿：左脚向左前方進一步與右脚成平行步；同時，左把向後、向下壓把；右把向前、向上、向左推槍，與左肩前後對正，槍尖朝前上方（圖 4-190）。

蓋步下截：右把屈臂將槍頭向右後下方回撥；左把將槍鑽向左前上方推出；同時，右脚向左前方進一步，脚尖外擺；目視槍尖（圖 4-191）。

進步上崩：左腿屈膝，右脚向右側進一步，兩腿伸直；同時，左把向下壓把；右手屈臂將槍尖向前上方挑起（圖 4-192）。

圖4－189

圖4－190

圖4－191

圖4－192

8. “震”

插步攔槍：左脚從右脚後邊，向右側横跨一步，脚尖着地，右膝微屈；同時，左右兩把屈臂持槍向左前下方落槍，至槍高與腰平（圖 4-193）。

梢公搖櫓：右脚不動，左脚收至右脚外側，脚尖點地；同時，左把將槍鑽往上略提，高與肩平；右把隨即往下順槍（圖 4-194）。

換櫓左搖：右把舉槍上揚，續與左把相挫互換把位；右把再屈臂將槍鑽提至右上方，左把持槍朝左前下方推送；同時，左脚向前進一步，右脚從左脚後邊向前插進一步脚尖點地；面向西（圖 4-195）。

虛步上挑：右脚往身後撤一步，屈膝略蹲；左脚屈膝移至右脚前，以脚尖點地；同時，左把屈臂後搬將槍尖斜向上空；右把壓槍鑽於右膝，并含沉墜之勁（圖 4-196）。

圖4-193

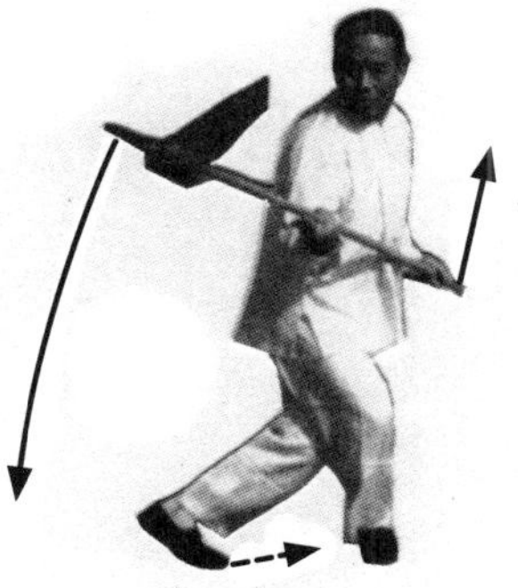

圖4-194

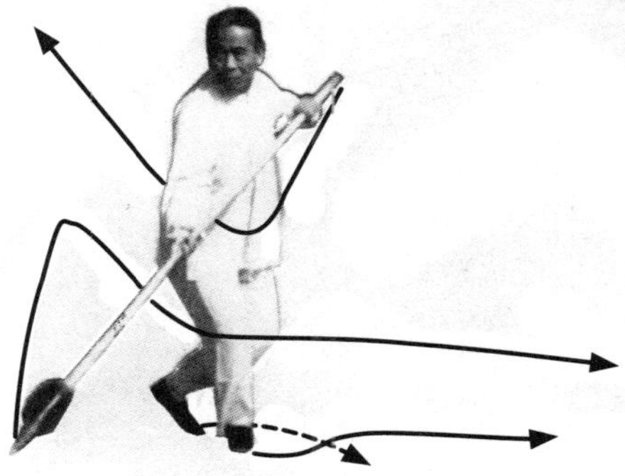

圖4-195

圖4-196

獻鑽下截：左脚向左後方撤一步，脚尖裏扣；右脚原地屈膝；同時，左把向前下劈，槍尖落於兩脚之間，右把屈臂上揚至槍鑽朝天（圖 4-197）。

蓋步上挑：左脚越過右脚向右進一步，脚尖外擺，左膝微屈，體重寄於左腿；右脚跟虛起；同時，右把槍鑽向右後下方沉墜；左把屈臂將槍尖向左前上方挑起；面向西南（圖 4-198）。

跨步橫撥：右脚往右前方橫跨一大步，膝微屈，左脚舒直成右弓步；同時，兩手持槍隨身體之右轉，往右橫撥；面向南（圖 4-199）。

進步橫槍：右脚不動，左脚向前進一步，脚尖外擺；同時，兩手持槍，隨上體之轉身往左橫撥；面向西（圖 4-200）。

圖4－197

圖4－198

圖4－199

圖4－200

9. **"震兌合演"**

震兌合演，長男奪取少女寶。

抱槍捅挫：右脚向前進一步，左脚向前跟進半步，脚尖點地；同時，兩手抱槍微向前沉把捅挫（圖 4-201）。

白牛轉角：左脚向右前方進一步，膝微屈，體重寄於左腿；右脚向左腿之左後方跨進一步，脚掌着地；同時，兩手持槍回抱，使槍尖劃一小圈，再向前送出；面向北（圖 4-202）。

漁郎問津：右脚原地踏實，右轉體向後坐身，體重移至右腿；左腿屈膝，脚尖點地；同時，右把将槍鑽向身後微上提；左把隨轉身将槍尖向身前送出；面向東北（圖 4-203）。

回馬穿胸：右轉身至西南，兩手合把相挫換把，槍尖指向身後，左把續将槍捅出；同時，左脚踏實，屈膝略蹲，右脚尖點地（圖 4-204）。

圖4—201

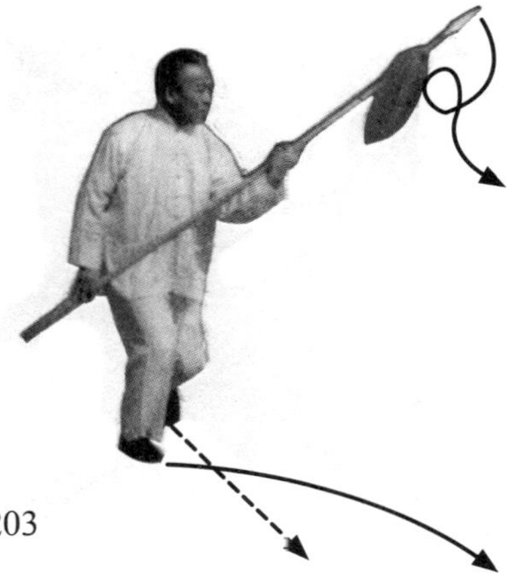

圖4—202

圖4—203

圖4—204

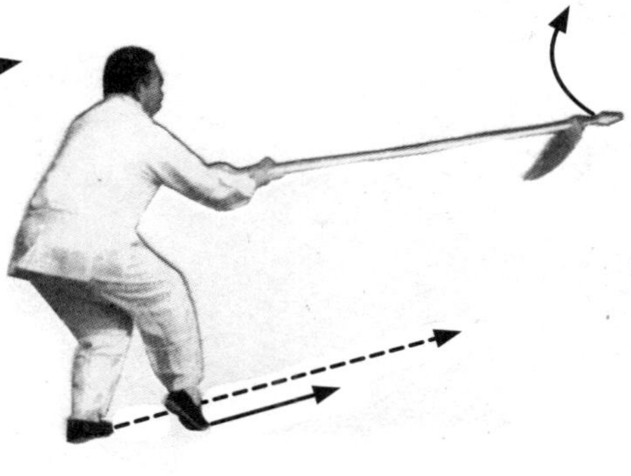

激步左攔：右脚前進半步，左脚隨跟進一步屈膝前弓；同時，兩手平托槍杆，向左橫攔；面向西南（圖 4-205）。

蓋步壓槍：右脚向前上步。越過左脚踏實，脚尖外擺；同時，鬆肩墜肘，左把微推槍鑽，右把翻腕下壓（圖 4-206）。

連步拿扎：左脚前進，右脚隨跟進，左脚續從右脚前方繞過落步，屈膝前拱；同時兩手持槍，先裹合為拿，後捅出為扎；面向西北（圖 4-207）。

連環推拿：右脚向左脚前方進一大步，左脚再越過右脚向左前方進一步踏實，隨之屈膝略拱；同時，兩手握槍合把前進（圖 4—208）。

背步回掃：右脚向右前方進一步，隨之屈膝略蹲；左脚向右脚後倒插一步，脚掌着地；同時兩手持槍隨右轉之身之勢，將槍杆由前往右後下方沉可以沉撥；面向北（圖 4-209）。

以上自雙木剋土轉九宮，九九八十一難始告終；槍點三華八門二十四神，六十

圖4—205

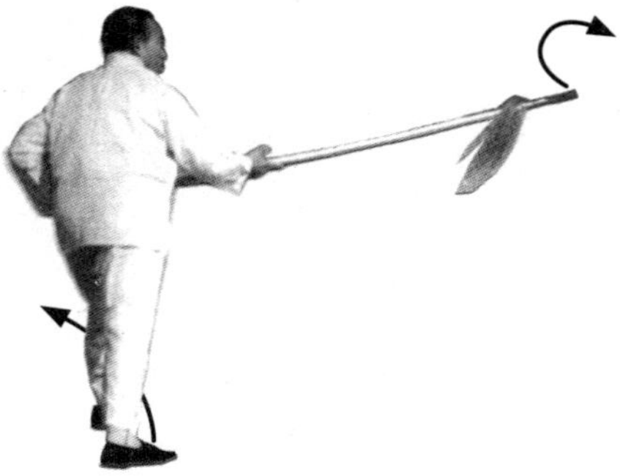

圖4—206

圖4—207

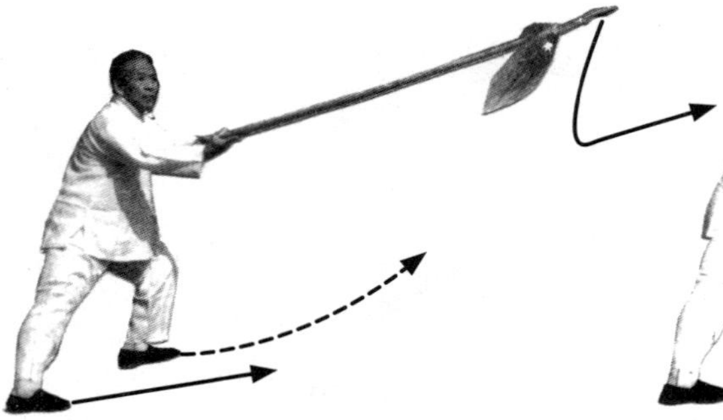

圖4—208

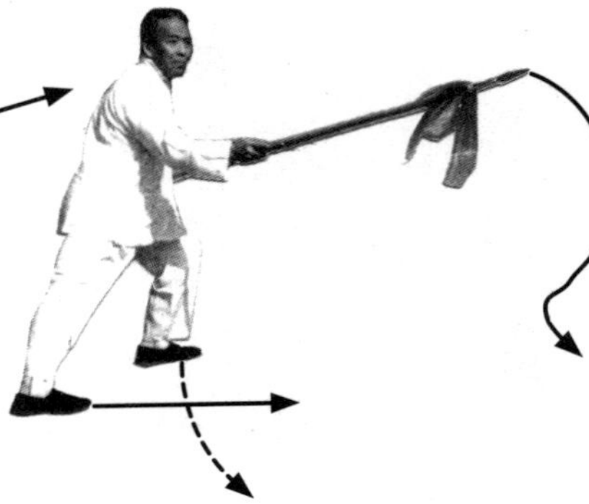

花甲統歸一陽朝宗。下面續演八門法，每門都有三精華；三百八十四爻卦，卦象變化延花甲。

（六）坎水本應居正北，適緣先天移正西；
纏戰蹲身槍劃圓，崩點圈槍法最奇。

1. 纏戰三圈

換步攔馬：左脚向前進一步，隨向右後轉身，右脚往後撤一大步；同時，左右兩手前後換把，將槍杆橫於胸前；面向東南（圖 4-210）。

順時送槍：右把移至右肋；向前進槍同時，槍尖邊按順時針方向劃三圈：左膝微屈（圖 4-211）。

弓步送槍：左膝前弓，右腿舒直；同時，左把托槍不動，右把向前送槍似攥虎尾。左右手之動作要協調一致，送槍時，使槍尖走綫成一順時針圓圈（圖 4-212）。

圖4-209

圖4-210

圖4-211

圖4-212

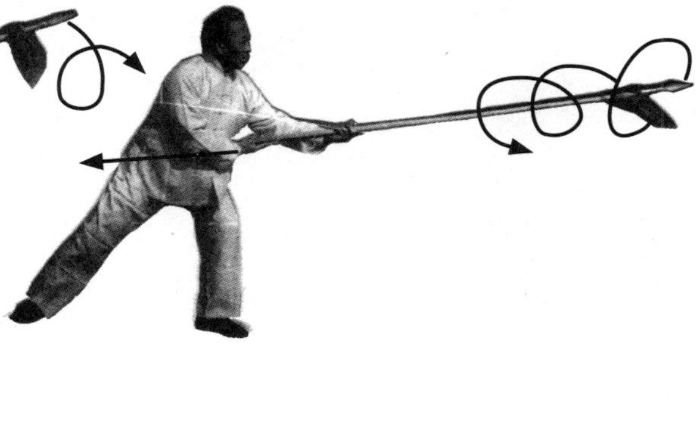

逆時針撤：右膝下屈，身往後退，左腿舒直，體重寄於右腿；同時，左右兩把合勁使槍尖走綫成逆時針圓圈；右把於退身之際，撤至右腕靠近右肋間（圖 4-213）。

逆時送槍：兩脚不動，左膝微前屈，上體也隨微向前移動；同時，前後把合勁使槍尖走綫成逆時針之圓圈（圖 4-214）。

弓步捅槍：左膝前弓，右腿舒直；同時，前把托槍，後把邊沿逆時針方向攪槍，邊將槍微微向前捅出（圖 4-215）。

2. 三步上圈

虛步提圈：右脚不動，左脚蹬地往回收至右脚前方以脚尖點地；兩膝同時鬆力，上體下蹲，體重寄於右腿；同時，兩手持槍，左把提撥，右把裹壓，使槍尖劃一側立圈（圖 4-216）。

圖4－213

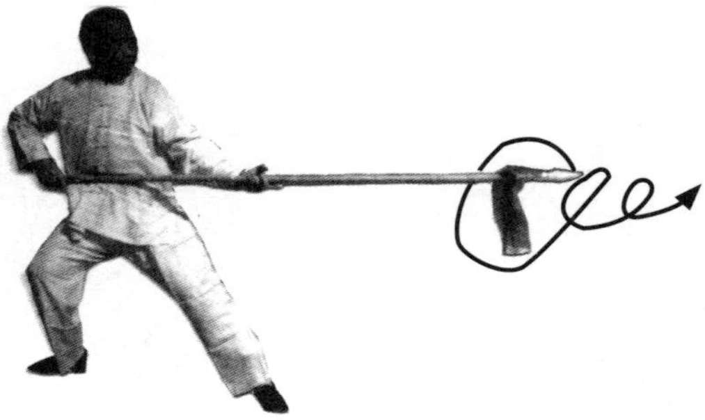

圖4－214

圖4－215

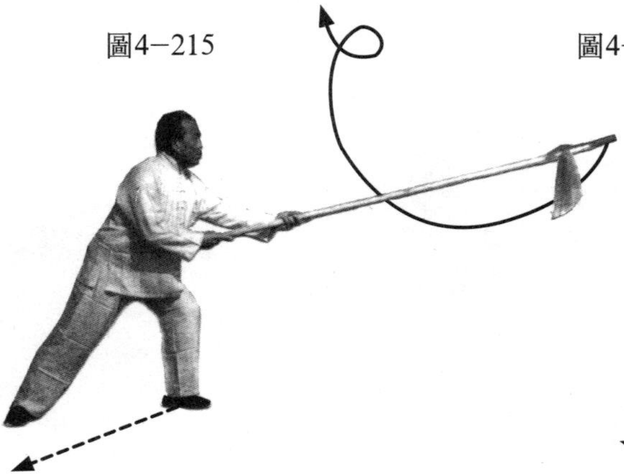

圖4－216

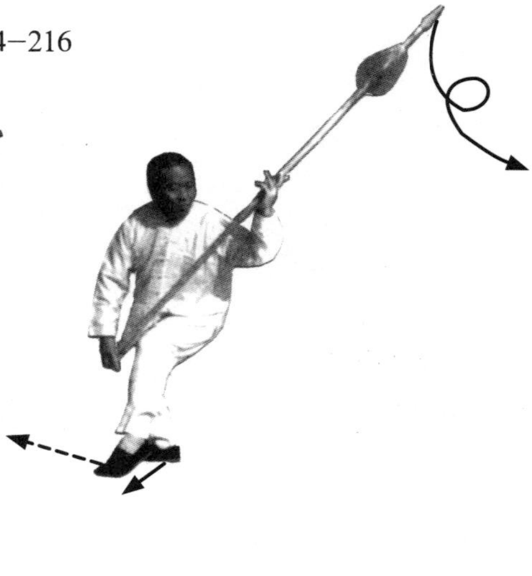

蓋步劈圈：左脚往右橫跨半步，脚尖外擺，膝微屈；右膝抵住左腿彎脚尖着地；左右把合力，使槍尖沿逆時針方向劃一圓圈，續向前下方微微落槍，面向南（圖 4-217）。

開步粘提：左脚向左前方進一步，隨之兩腿直立；同時，右把隨同左把先向右前下方微落，含有粘物之意，然後將槍杆向左後上方提起，似粘起物状（圖 4-218）。

馬襠上崩：左脚向前進半步成半馬襠步；同時，前後把合力，鬆肩墜肘，槍杆上舉，略高於肩；面向西南（圖 4-219）。

馬步下砸：上式步法、身法均不變，鬆肩墜肘，左右雙把也同時放鬆，使槍杆由上經胸前自然降落，落至腹部前方之時鬆腰，使槍杆含有向下沉砸之勁（圖 4-220）。

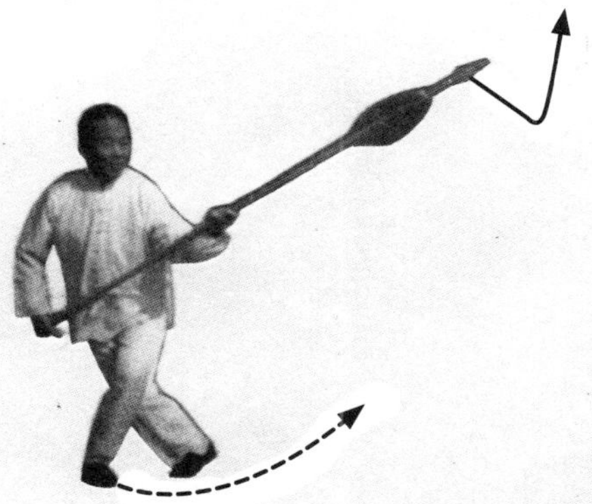
圖4-217

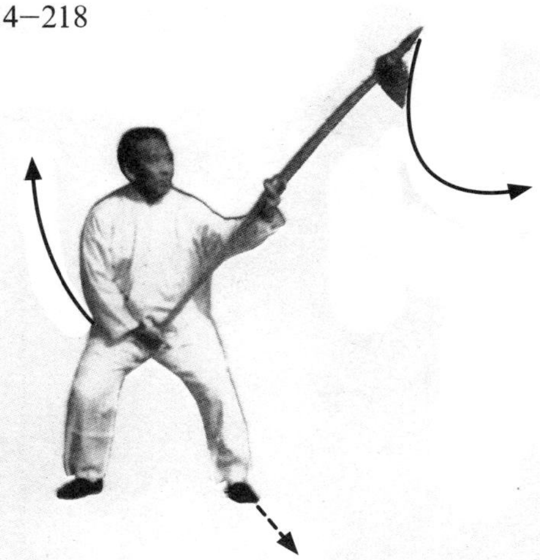
圖4-218

圖4-219

圖4-220

進步提撩：左脚朝右前方進一步，隨即撤回至於右脚前，脚尖點地；同時，兩手持槍向身前提撩，然後將槍帶回至身前（圖 4-221）。

披跨外滑：上體微向前俯；兩手持槍隨向裏合；左脚也隨移至右前，稍停！隨即往後坐身；左脚向左橫開，仍以脚尖點地；兩手合把，將槍向上微抬。續滾轉至腰間；面向西（圖 4-222）。

壓把點崩：左脚向右進半步，後把槍微向前送；右脚緊跟半步，前把先鬆推點槍，後握緊槍杆出崩槍；同時右手壓把，往後坐身，左脚脚尖點地（圖 4-223）。

3. 七星步槍

倒插橫攔：左脚向左側橫開一步，右脚隨向左脚後邊倒插一步踏實。左脚變虛步；同時，兩手屈臂合把抱槍，隨身向左扭轉；面向西南（圖 4-224）。

圖4－221

圖4－222

圖4－223

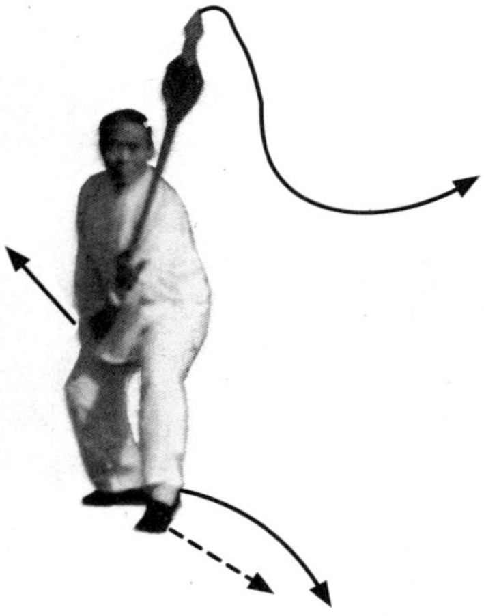

圖4－224

起落離合：左脚向左橫進一步，右脚隨向在左脚後邊倒插一步，脚尖點地；兩手持槍在左脚開步時往上微抬，到右脚背步時往下沉採（圖 4-225）。

弓步捅槍：左脚向左前方進一步屈膝前弓，右腿舒直；同時，左手托槍不動，右手握槍鑽將槍向前捅出，至右食指尖緊貼左手心為度（圖 4-226）。

背步抽槍：左脚不動，右脚向左脚左後方倒插一步，脚尖點地；同時，左手托槍不動，右手攥回槍鑽靠近右肋（圖 4-227）。

進步攔槍：右脚落步，左脚向左前方進一步；右脚再向左脚前方進一步，膝微屈，體重寄於右腿；同時，兩手持槍屈臂回攔；面向南（圖 4-228）。

圖4—225

圖4—226

圖4—227

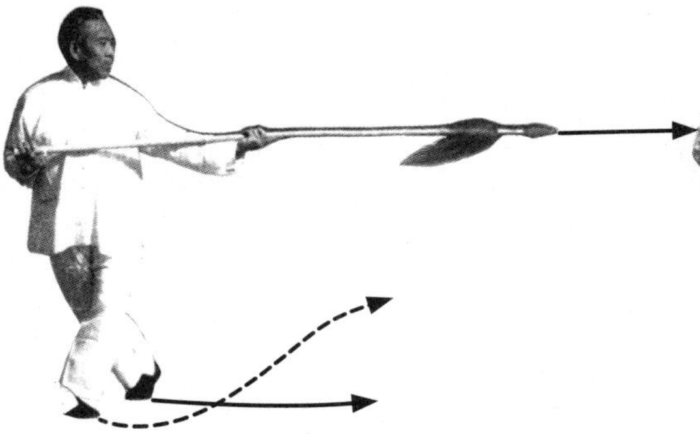

圖4—228

跟步拿槍：左脚向左前方進一步，右脚緊跟在左脚之右側落步，以脚尖點地；同時，兩手前後把相合，使槍杆朝裏滚動，謂之拿槍法（圖 4-229）。

右弓顛槍：左脚不動，右脚向右前方進一大步，隨之屈膝前弓，左腿舒直；同時，前後兩把朝相反方向分撑，使槍杆含有沉採之勁（圖 4-230）。

轉身換把：上體左轉，左脚脚尖向外微擺，右脚脚跟後蹬；同時，左右兩手互換把位；面向東（圖 4-231）。

蓋步攔槍：右脚向左脚前方進一步，脚尖外擺，體重寄於右腿，左脚尖點地；同時，兩手持槍，鬆肩墜肘，将槍往懷中微带為攔槍（圖 4-232）。

圖4-229

圖4-230

圖4-231

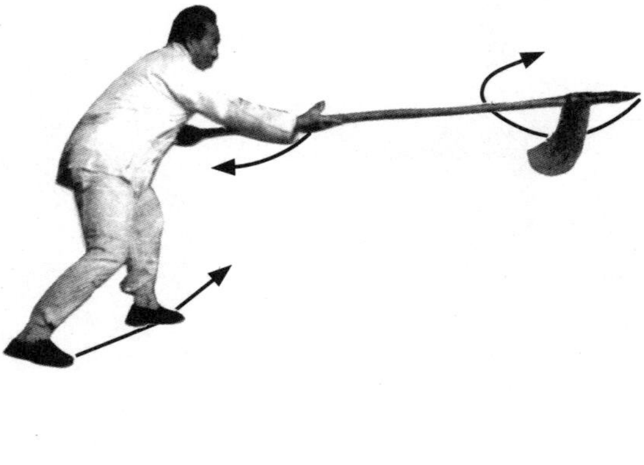

圖4-232

弓步拿槍：左腳向右腳前方進一步屈膝前弓；同時兩手前後把相合為拿（圖 4-233）。

弓步捅槍：接上動，左弓步不變，右手托槍不動；左手握住槍鑽，將槍向前捅出。以左食指尖緊貼右手心為度（圖 4-234）。

4. **起手中平**

背步掃膝：左腳向右腳右後邊倒插一步，腳尖點地，兩膝微屈，體重寄於右腿；同時兩手持槍隨身之右轉，使槍由左前上方向往右下方掃擊，槍尖與膝平；面向南（圖 4-235）。

仆步刺胸：左腳向左前方進一大步，隨之屈膝下蹲，右腿伸直，兩腳成仆步；同時，左手握緊槍鑽往外拉開，并墜肘下沉；右手托住槍杆，使槍尖抬起與肩平（圖 4-236）。

圖4-233

圖4-234

圖4-235

圖4-236

轉身定心：左脚蹬地，上體直立；同時，兩手持槍，前後把互換，使槍尖由右前方移向左前方；同時，左脚從左向右收半步（圖 4-237）。

蓋步側穿：右脚向左前方進一步，脚尖外擺，屈膝下蹲；左膝抵住右腿彎，脚尖點地；同時，兩手持槍挫把互換，使槍尖從左前方朝右後上方捅出（圖 4-238）。

仆步摔鞭：兩脚同時蹬地，上體直立；隨之，左脚向左後撤一大步屈膝下蹲，右腿伸直，兩脚成仆步；同時兩手將槍由上往下沉墜，續以左手握槍鑽向左後上方拉開；面向東南（圖 4-239）。

回身鎖喉：左脚蹬地，上體直立。往後退身并向左轉體，左脚後撤半步；同時，兩手持槍挫把互換把位；面向東（圖 4-240）。

圖4-237

圖4-238

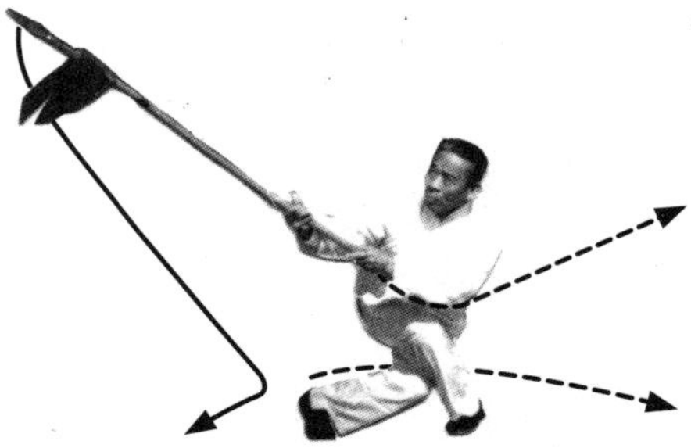

圖4-239

圖4-240

蓋步穿膝：右脚向左前方進一步，脚尖外擺，屈膝下蹲；左膝抵住右腿彎，脚尖點地；同時，兩手持槍，隨身子前進和下降之際，右把将槍向前捅出（圖 4-241）。

歇步後挑：接上動，右轉身，眼神注視右後上方；同時，左右把互換，右把屈臂往回搬槍杆；左把握緊槍鑽往下沉墜，使槍尖從前下方移至右後上方；面向南（圖 4-242）。

退步掃腰：兩脚同時蹬地起身，隨之，右脚往身之右後方退一步，膝微屈，體重寄於右腿；兩手挫把互換把位，兩把相合，将槍從右後上方移至身之左前方（圖 4-243）。

弓步點膝：右脚向左前方進一步，隨之屈膝前弓、左腿伸直，體重寄於右腿；同時，右把槍向上提起，手背靠近右耳；左把向前送槍（圖 4-244）。

圖4-241

圖4-242

圖4-243

圖4-244

壓把橫槍：步法不變，鬆肩墜肘，右把屈臂下壓，右手靠近右肋；左把握緊槍杆向左橫撥（圖 4-245）。

回馬穿膝：右腳往左腳之前方進一步，腳尖裏扣；上體左轉180°，向後坐身，以左腳尖揚起為度；轉身同時，左把托槍，右把握緊槍鑽將槍向前下方捅出；面向北（圖 4-246）。

流星趕月：兩手抱槍回收；左腳微收外擺落實，右腳向前進一步；左腳再向前進一步在右腳前方踏實，腳尖外擺，屈膝略蹲；右膝抵住左腿彎，腳尖點地；同時兩把相合，將槍向前捅出（圖 4-247）。

轉身群攔：右腳向右前方進一步，腳尖裏扣，左轉90°向下坐身。體重寄於右腿；左腳收回置於右腳前方，腳尖點地；轉身同時，兩把內收；坐身收腳時，把外張；面向西（圖 4-248）。

圖4-245

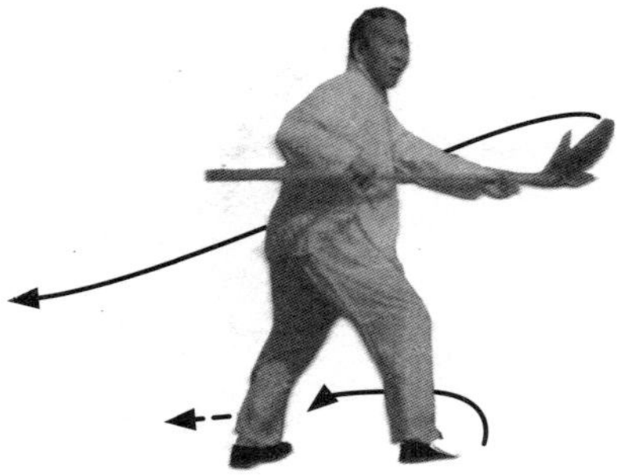

圖4-246

圖4-247

圖4-248

5. **蛟龍出水**

金龍擺尾：左脚前進一步，在將要踏實之際，向後坐身；同時，兩把相合，將槍向前捅出，槍尖先在左脚内側，後擺到左脚外側（圖 4-249）。

虛步帶槍：左脚蹬地收回置於右脚前，以脚尖點地；同時，向下蹲身，兩把逐漸分展，將槍收回横置胸前（圖 4-250）。

馬步上崩：左脚前进半步踏實，上體略蹲；同時，兩手持槍，陰陽合把，鬆肩墜肘，將槍杆向前上方舉起，略高於肩（圖 4-251）。

壓把上穿：按上式，收腹鬆腰，上體微向後坐，以左脚尖微微揚起為度；同時，左把托槍不動，右把握緊槍鑽向下沉墜（圖 4-252）。

圖4-249

圖4-250

圖4-251

圖4-252

推窗望月：左脚踏地，右把上提，左把向外推撐（此三個動作要求配合協調一致）；槍尖由左前上方走弧形至前下方（圖 4-253）。

端槍穿心：右脚向前進一步，在左脚前踏實，左脚也越過右脚前進一步；同時，兩手持槍從上往下降落，右把置右肋間。左把置胸前并含向前扎戳之意（圖 4-254）。

偷步取膝：右脚從左脚後邊向左偷進一步，脚尖點地；同時，右把提槍至右肩上方，左把推送使槍尖朝左下方（圖 4-255）。

獨立索喉：左脚蹬地屈膝上提，懸垂不落；同時，左把托槍不動，右把向下壓槍鑽，使槍尖由下向上抬起（圖 4-256）。

圖4—253

圖4—254

圖4—255

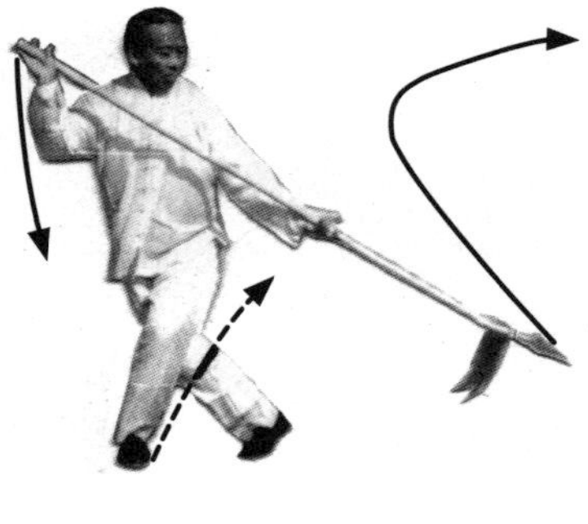

圖4—256

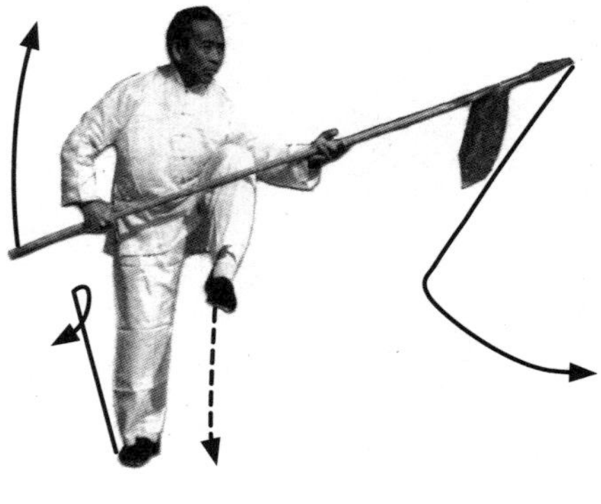

換柱貫槍：左脚落地踏實，右脚屈膝上提，懸垂不落；同時，右把握緊槍鑽向上提起，高過右肩；左把向前下方推送槍杆（圖 4-257)。

馬步上崩：左脚踏實，右把翻腕上提，槍鑽略高過肩；左把托槍不動，使槍尖下落走弧形（圖 4-259）。

6. **地蛇攔路**

右脚往後落步踏實，向後坐身，體重寄於右腿，左腿舒直，脚尖揚起；同時，左把托槍微向後搬，右把握緊槍鑽向下沉採，使槍尖揚起，斜朝左上方（圖 4-258）。

懷中抱月：右把緊握槍鑽往左脇下移動，同時掩肘屈臂靠近前胸；左把握住槍杆，臂內旋使虎口轉向下；同時，收腹，右脚尖裏扣，左脚內收，使兩膝內側靠攏（圖 4-260）。

圖4-257

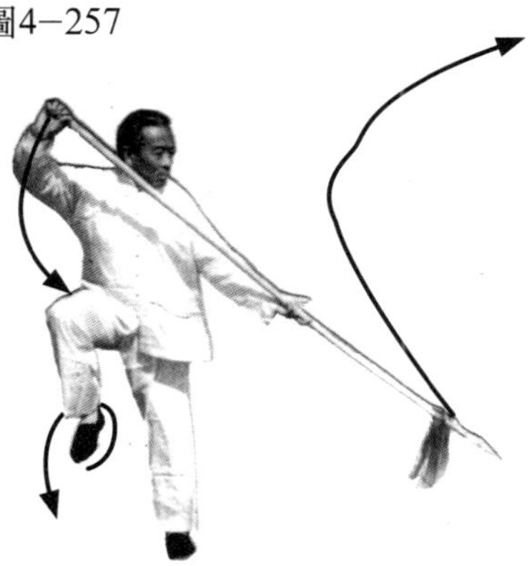

圖4-258

圖4-259

圖4-260

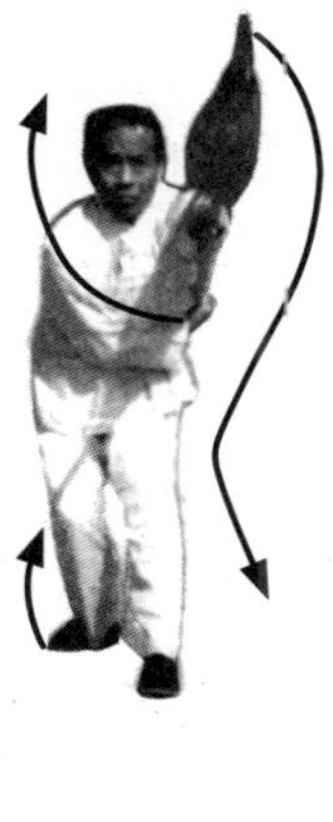

7. 宿鳥投林

轉身佯敗：向右後轉身，并含輪招欲逃之勢；同時，右脚往後開一步；右臂内旋將槍拉開與左把相合擰槍；眼神沿左肩向後平視，隨即收回左脚，脚尖點地；面向北（圖 4-261）。

野馬奔騰：左脚向前進半步，右脚越過左脚前進一步，左脚再越過右脚半步，脚尖點地；同時，兩膝微屈，上體略蹲，體重寄於右腿；兩手合把持槍，右把按槍置於右肋旁；面向東（圖 4-262）。

虛步擺槍：接上動，兩手持槍，先左轉腰，然後向右轉腰，隨着轉腰之動作，槍也先向左，後向右擺動；面向東北（圖 4-263）。

8. 鳳凰展翅

盤頭蓋頂：左脚向左前方進一步，右脚緊跟上一步置於左腿後邊之左側，脚尖點地；同時，兩手持槍使槍尖向左邊按順時針劃弧；隨即，左把屈臂搬回槍頭；右把將槍鑽由後向前上方涮出（圖 4-264）。

丹鳳朝陽：兩脚蹬地，上體直立；右脚向右後撤一步，左脚提起懸垂不落，兩手合把持槍置胸前，槍尖斜向下；面向北（圖 4-265）。

圖4－261

圖4－262

圖4－263

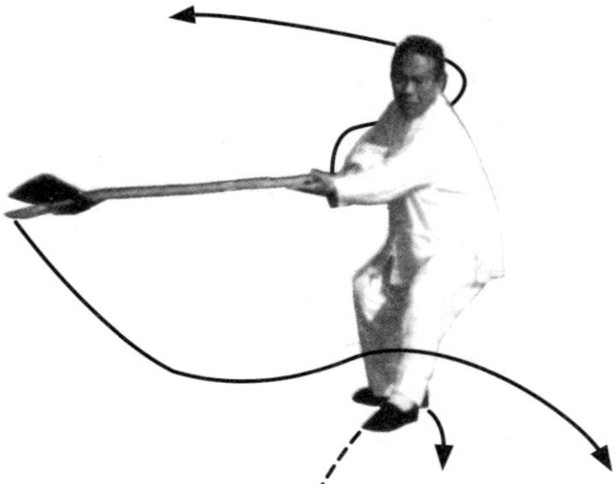

圖4－264

推襠剪尾：左脚向左前方落進一步，右脚緊緊跟隨在左腿後方之左側插進一步；隨之，兩膝微屈，上體略蹲；同時，兩手持槍，以槍尖劃一順時針圓圈；蹲身之同時，將槍尖斜向下（圖 4-266）。

（七）艮為山薄雲屬土，東北成土艮覆碗；
象應人體居在胃，雙隅之位先後天。

1. 艮為山岳

陰陽變法：兩脚同時蹬地，上體直立，右脚向右進一大步，上體微左轉；同時，右手握槍鑽，左手托住槍杆，將槍向前下方捅出，至右手靠近右肋為度（圖 4-267）。

中點心窩：兩膝微屈；同時，左把托槍略掀向上，右把下壓槍鑽，使槍尖朝前戳點（圖 4-268）。

圖4—265

圖4—266

圖4—267

圖4—268

上取咽喉：右膝略屈，上體微向下向後坐；同時，左把微攏槍杆，右把握緊槍鑽，隨着身子的動作而動作，使槍尖由下往前上方直取喉頭（圖 4-269）。

槍前滴水：兩把同時鬆勁，使槍杆由上往下自然降落，落至高與膝相平之際，右把握緊槍鑽輕輕向上微提，左把同時托槍杆，使槍尖朝前下方點頭為度（圖 4-270）。

端槍怒視：前脚蹬地，後脚躍起帶動全身後退一步，落地之步形仍保持原狀；同時，兩手合把待發，後把置於腰間，前把平托槍杆；雙目平視前方（圖 4-271）。

退身取膝：右脚往左輕移半步，隨之微屈膝，往後退身；同時，右把槍向前下捅出隨即收回（圖 4-272）。

圖4－269

圖4－270

圖4－271

圖4－272

2. 回馬取勝

轉身下攔：微向右轉身，右脚微前移。身體直立；同時，右把槍，翻腕上提，槍鑽高與肩平；左把鬆握槍杆，左臂舒直，手貼槍杆速往回帶，使槍尖斜朝下；面向東北（圖 4-273）。

展臂佯敗：前、後把向左右展開，使槍尖略向上抬起；同時，左脚越過右脚前進一步，右脚續越過左脚落步，屈膝微蹲；左脚隨即收回，靠近右脚旁，以脚尖點地（圖 4-274）。

蓋步外崩：左脚向右脚前方進一步，脚尖外擺，膝微屈；右脚跟離地，腿舒直；同時，兩手持槍，鬆肩墜肘，右手翻腕上提，槍鑽高與肩平；左手平托槍杆略低於肩；兩眼沿左肩回顧後方（圖 4-275）。

回馬停槍：右脚前進一步，左脚隨跟進一步，右脚再繞過左脚，在左脚前半步落脚，脚尖裏扣；同時，左轉身，屈膝微蹲，左脚尖點地；兩手合把持槍停於腰間；面向西北（圖 4-276）。

圖4－273

圖4－274

圖4－275

圖4－276

半馬鎖喉：左脚前進半步，右膝與右脚尖在一條鉛垂綫上，左膝與左內髁骨在一條鉛垂綫上；同時，右把緊握槍鑽向前將槍捅出，至右手靠近左肋為度；同時左把握緊槍杆（圖 4-277）。

捽鞭點膝：鬆肩墜肘，兩把先放鬆以助槍杆下沉之力，隨即握緊將槍向前下捅出，然後向後坐身，以左脚虛起為度；同時，右把撤回靠近右肋（圖 4-278）。

3. 槍槍緊逼

激步穿膝：後脚蹬地，前脚往前引導全身向前躍進一步，仍保持原来姿勢；同時，兩手持槍合把向前下方捅出（圖 4-279）。

展臂横攔：右把握緊槍鑽，左把平托槍杆，左右兩把同時分展，將槍帶回横置胸前（圖 4-280）。

弓步督槍：左把平托槍杆不動，右把握緊槍鑽將槍向前捅出，以食指指甲貼在左手心上為度；同時，屈左膝，使左膝與左脚尖在一條鉛垂綫上；右脚脚跟離地（圖 4-281）。

弓步拉槍：向右側身，左把平托槍杆，右把向右拉開槍鑽，使槍成水平；同時，弓右膝，左腿伸直，左脚跟離地

圖4—277

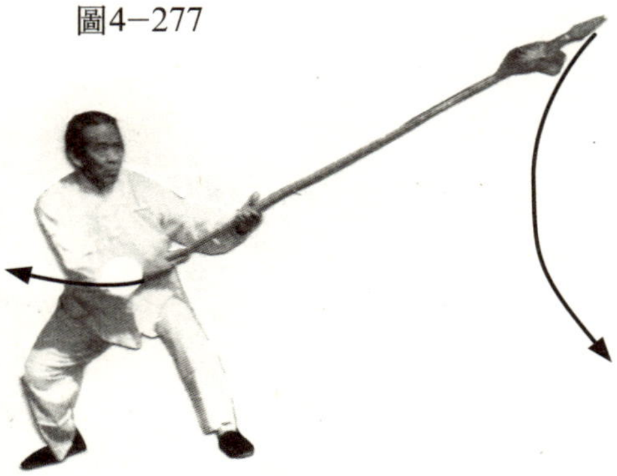

圖4—278

圖4—279

圖4—280

（圖 4-282）。

回身督槍：向左俯身，左膝前弓，左膝與左脚尖在同一鉛垂綫上；右腿舒直，脚落平或脚跟離地；同時，左把仍平托槍杆，右把握緊槍鑽将槍向前捅出（圖 4-283）。

勒馬聽風：右膝鬆力向後坐身，左膝也同時鬆力，兩脚成馬步；同時，右把将槍鑽向右下方拉回，拉至右肋間時，左把立即勒住槍杆，使槍尖斜向上方（圖 4-284）。

（八）坤為地玄武主土，西南己土坤六段；
象對人身位在脾，眼腎睾雙六球現。

艮坤戊己主脾胃，健脾養胃能食睡；奇經八脉氣暢通，陰陽平衡示精粹。

坤艮老少分陰陽，雙土值星互相生；静觀宇宙萬物中，洞悉陰陽自然情。

覆碗地坤法先天，裏圈點點外圈圈；督槍纏戰歸原法，六球合開回龍華。

中平槍乃槍中王，不偏不倚實難防；見動發槍是妙手，回馬一槍透心凉。

彼槍扎來我槍拉，彼槍不動我槍發；彼槍扎来快如風，我出神槍逼難迎。

圖4-281

圖4-282

圖4-283

圖4-284

不招不架不封閉，順勢扎挑無阻攔；左右逢迎隨意變，槍扎護心奔丹田。

最後囑咐一句話，粘黏連隨不丟頂；切記方圓為規矩，全身之合等於零。

槍法無定法，隨機應變法最佳；順乎自然妙無窮，太極之理是精華。

1. 纏戰蓋馬

懷抱琵琶：兩脚同時蹬地，上體直立；同時，兩手持槍陰陽合把，將槍向上抬起，置於胸前，槍身接近水平（圖 4-285）。

抽槍換鑽：鬆肩墜肘，右臂外旋順勢向下向後帶槍鑽。然後以右虎口托住槍杆；左臂內旋順勢握住槍杆；左膝前弓，右腿舒直，體重寄於左腿（圖 4-286）。

進步量天：右脚向左前方進一大步。隨之屈膝前弓，兩脚成右弓步；同時，左把搬回槍頭，右把將槍鑽向正前方走弧綫劈下，落至身前右側，槍身接近水平；面向西，目視右前方（圖 4-287）。

定海金針：右脚蹬地收至左脚前，脚尖點地；同時，右把屈臂將槍鑽向後上方

圖4—285

圖4—286

圖4—287

圖4—288

搬提，使槍鑽朝天；左把順勢向前下推送使槍頭朝地（圖 4-288）。

虛點前胸：左把槍由下向前上方抬起，至槍尖與頭頂等高為度；右把屈臂後撤握緊槍鑽靠近右肋；同時，右脚向身後退一步，隨之，屈膝微蹲，體重寄於右腿（圖 4-289）。

實啄面門：右把握緊槍鑽向下沉墜；左把握住槍杆先鬆後緊與右把下沉動作協調一致（圖 4-290）。

2. **地坤歸原**

挑旗聽風：左脚蹬地，向後坐身，續將左脚抬離地面；屈右膝，體重寄於右腿；同時，兩手持槍，陰陽合把，左把沉肘，右把下墜，将槍搬移至身前（圖 4-291）。

落步問心：左脚在右脚之前方落地；同時，左、右兩把相合，將槍向前劈下，槍尖高與前胸平時，向前微點即行抽回（圖 4-292）。

圖4−289

圖4−290

圖4−291

圖4−292

滾杆穿膝：右脚向左脚前方進一步，左脚越過右脚向左前方進一步；同時，兩手持槍，陰陽合把，先往左滾轉槍杆為攔，再往右滾轉槍杆為拿，最後向前捅槍為扎（圖 4-293）。

仆步盤肘：右脚朝前進半步與左脚平行時，左膝微屈，右腿伸直，兩脚成仆步，體重寄於左腿；同時，右把屈臂將槍鑽推掩置左肋前，左把槍從上走弧綫至身之右側（圖 4-294）。

回身提柳：右脚蹬地，上體向左扭轉而帶動右脚向左脚前方進一步；同時，左、右把持槍姿勢不變。只隨左轉身之動作，而將槍帶到身之右前方；面向東南（圖 4-295）。

白牛轉角：右把握緊槍鑽，由左前往右後下移動靠近右膝；左把握住槍杆，由右後下往左前上方伸展，直至槍尖朝正前上方為度；同時左脚向前進一大步，兩膝微屈略蹲（圖 4-296）。

圖4-293

圖4-294

圖4-295

圖4-296

蓋步掃膝：左腳向右腳之右前方進一步，腳尖外擺，左膝微屈；右膝蓋抵住左腿彎，右腳跟離地；同時，兩手陰陽合把握住槍杆，使槍尖移至右前下方移動（圖 4-297）。

3. **風擺荷葉**

虛步橫槍：左腳向左橫移一步，腳尖着地；兩腿屈膝下蹲，體重寄於右腿；同時，兩把握槍展臂，將槍帶回橫置腰間（圖 4-298）。

蓋步反提：左腳往右腳之右前方進一大步，腳尖外擺，屈膝略蹲；右膝微屈抵住左腿彎，腳跟離地；同時，左把屈臂翻腕將槍尖向左前上方提起，右把伸直向下沉墜（圖 4-299）。

撤步絆索：上體微向左扭轉，右腳向後撤一大步，左腿屈膝前弓，右膝微屈，體重寄於左腿；同時，兩手陰陽合把握槍，空胸緊背，將槍伸開有如撲天蓋地之勢。續降至與胸平；面向東（圖 4-300）。

圖4-297

圖4-298

圖4-299

圖4-300

渭水垂釣：蹬左脚，屈右膝，身往後坐，左脚同時收回半步并以脚尖點地，體重寄於右腿；同時，右把握緊槍鑽往後往下沉墜；左把先鬆勁後緊握槍杆，使槍頭有如金鷄亂點頭之狀（圖 4-301）。

轅門豎戟：上體右轉成90°；右把將槍鑽在右脚外側觸地後，續與左把合於身之右側，緊握槍杆；同時左脚向左側開半步，以脚尖點地，面向南（圖 4-302）。

靜候光臨：左脚收回，與右脚并攏；同時，頭轉向正前方，雙目平視遠方；右手握槍，保持槍杆豎直；左手撤回置於左肋間，手心朝下，指尖朝右（圖 4-303）。

4. 立竿見影

立如松柏：右手持槍，槍鑽觸地，槍尖朝天，身立直；左手展臂下按，兩脚并齊，巍然站立；目視左方（圖 4-304）。

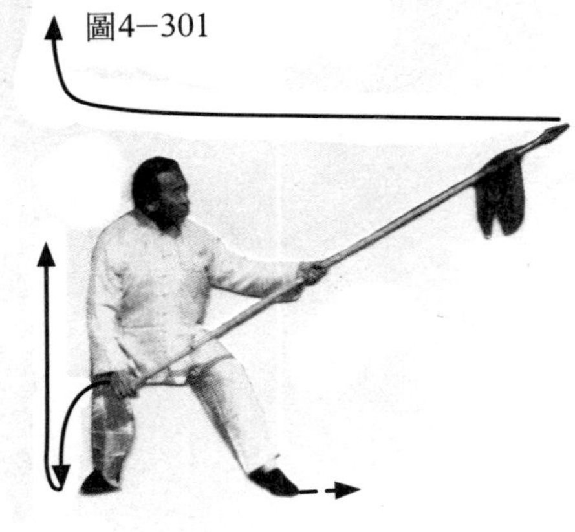
圖4－301

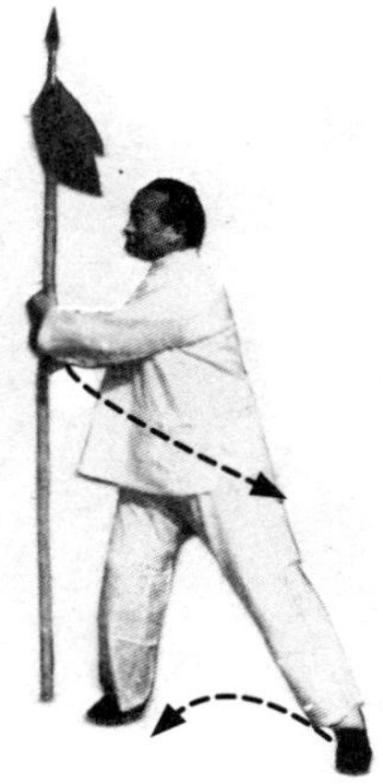
圖4－302

圖4－303

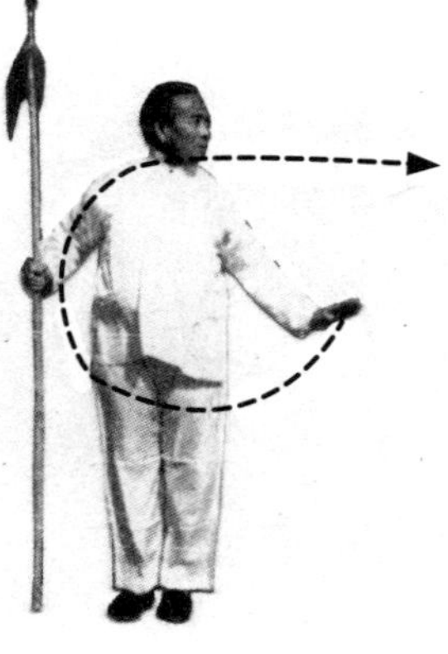
圖4－304

環推左掌：接上動，左掌放鬆落下，由身前左下方向右再向上抬起，經過右肩到左肩時微停，續往左側使臂伸直為度，掌心內外，指尖朝天；雙眼隨視左掌運轉（圖 4-305）。

掩肘推山：頭向右轉，眼神先看右臂彎，待左掌追隨眼神以掌心扶在右臂彎處後，再目視前方（圖 4-306）。

打馬揚鞭：右把屈臂將槍提起，至右肩前時，左把握住槍杆往腰間虛靠，并向下沉墜、後搬；同時，左脚向左前方邁出一步，脚跟着地（圖 4-307）。

左撥刁翎：左脚踏實，屈膝前弓，右腿舒直，兩腿成左弓步；同時，兩手持槍保持槍頭朝前上方，由右向左前方横撥（圖 4-308）。

圖4－305

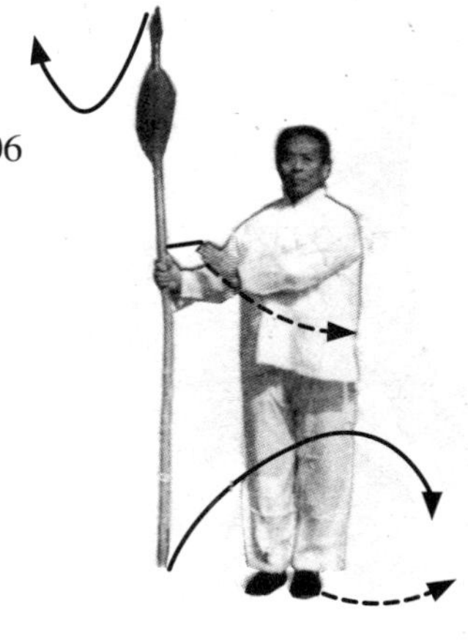
圖4－306

圖4－307

圖4－308

5. 卞和還鄉

開土樹碑：接上動，兩手持槍合把，使槍鑽在左脚尖之左側，由上向下觸地，槍尖朝天；雙目注視正前方（圖 4-309）。

測量天體：接上動，左把直臂握槍向前平推，仍保持槍鑽觸地；同時，右把撒開槍杆向下、向後、翻腕向上以手心朝天置於頭頂上（圖 4-310）。

并步歸原：左脚蹬地，向右轉體，帶動左脚與右脚靠攏成并步；左把緊握槍杆在轉身收脚同時，將槍移到身之右側使槍鑽觸地，槍尖朝天；右手也同時在左把下邊握住槍杆（圖 4-311）。

并步雙撐：左手撒把經右肩到左肩，再向左側將臂引直，成立掌，掌心向外，指尖朝天；左掌續與右把槍同時向相反方向推撐（圖 4-312）。

按掌還原：頭部轉向正前方，目平視；同時，左肩鬆力、左臂自落，左掌落至左肋前，掌心向下，指尖向右；鬆右肩，墜右肋，右把握住槍杆；兩脚

圖4-309

圖4-310

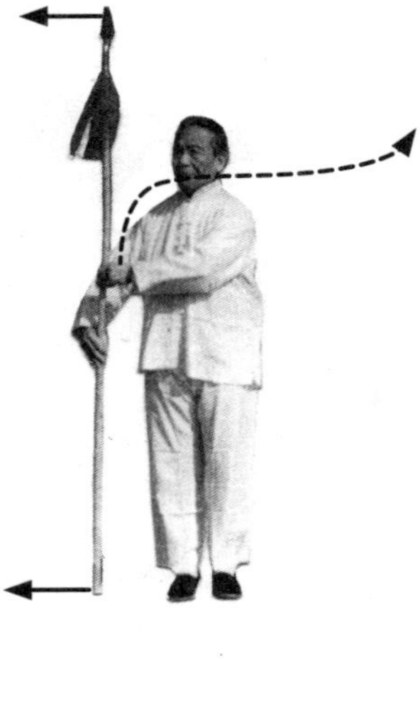
圖4-311

圖4-312

并立，立身中正，全身勁力均回歸自然（圖 4-313）。

此槍理應為三百八十四爻，今剛完成三百一十三，尚有七十二煞神爻。未能於此竣事却又為何？無他，適緣七十二煞屬於陰符。應自成一體。復因，陰符漸退消之，故卷之則退藏於密，其味無窮！無奈，只有待下卷單行本中再見面吧！

另有一種“大槍”，被稱為百般兵刃之祖的。因此還需說明一下槍與大槍的區別：第一是槍身之長度不同，大槍起碼六米，而猾槍則以本人身高加一臂之長為準。第二是大槍練起來不準打五花，猾槍不僅可以打五花，甚至有者一套槍中五花佔三分之一。

習太極槍，可先練或同練扎杆。練扎杆與人對杆時，無論拿人、發人，皆如用手；人遇其杆，即失自主；被化出如手發，往往不知其所以然。扎杆之練習方法，計分單人扎杆法、雙人平圓粘黏扎杆法、雙人立體圓形粘黏扎杆法、雙人動步刺心、刺腿、刺肩、刺喉。四杆法等也均在“七十二煞神爻陰符槍”中詳述，俾資武術器械練習者，有所借鑒而有得焉！

圖4—313